神仙道

士臺記憶法

身心強健法

序

余は先年大阪市に於て大正の仙人山形嶍氏を知るに至り現今神仙の實在を確信するに至つた。而して今日思想の悪化、青少年の虚弱、難病者の救濟等には神仙道の非常に益するところあるを知つた。故に今回神仙の實在を公にすると共に、身心の强健法を著するの動期となつたのである。書中神仙道は、余の山形氏より親しく仙界の模樣其他を聞き、余の研究の立場より草稿したものである。又强健法は、余のさきに難病の爲め生死の境に往來せし時、回生の喜びを得せしめたる强健法と共に、古來先哲の名著にして强健の道に効あるものを轉載することゝした。最後に於て今日一般人の最も渴望するところの記憶力の增進法を說述するに至つた、書中記憶の原理をとらへ之を發達せしめ法術に加味せる点の獨得なるは、余の快心に堪えぬところである。讀者幸に熟讀玩味して其の骨髓をとらへ縱横に實地活用せられんことを希望する。

大正十三年秋なかば

著　者　識　す

神仙道目次

身心強健法目次

土臺記憶法目次

神仙道

神仙の實在

神仙の存在については、故宮地宮中掌典の東京華族會館に於て發表せられたるところによつて證明されて居るが、余は先年ふとした事より宮地掌典の説明せられた至道仙人の音樂を聞かれたと云ふ、人僊山形氏に面會することを得た、そして一ヶ年の滯在中に種々なる仙界の事情を承はり、今も尙神仙の實在せることを知つた、往時の神仙が各國の靈山に修業せられ非常なる神力を以て吾人々類の爲に仙界より御救ひ被下事の事實に於て存在することも知つた。又山形氏の神仙より授けられたる、德魂と稱する樂器其他を拜見した、殊に同氏の行ふ仙術を見るに至つて現今各地に行はれる靈術の遙に仙術におとることをも知つた。色々仙人とか、仙道とか、仙界の模樣等に關して詳記して見たいと思ふが、今は何うしても許されぬから、殘念ながら發表することを得ぬ。今人の神仙に對する眞の見解を持つものは殆んど無いと云つてもよかろう、仙を稱して徒らに山林に隱遁して不老長生を好む無用の人士である等と解されて居た事は大なる誤りである。試みに岡山縣和氣郡香登村を訪れて見よ、同郡の境にある熊山の神祕を知るであろう。即ち同山は固と兒島高德旗擧げの地であつて、山形氏の神仙に救はれたる靈山である。菅公、高德、役行者、寅吉、河野至道、山中照道、仙人等は、談るを聽けばなつかしく感ずる神仙である。心を清くし熊山に登るときは仙界の音樂を聽く事が出來る。

第一章　仙道と仙術

仙道とは、吾人々類の向上し、美化し、神化するの大道である。仙道は固と神道より出で世界に普及せられて各々其の名稱を異にして居る。印度に於ては之を婆羅門教と稱し、支那に於ては道教、又は儒教と稱されて居る。

現今何れの宗教も、自然と神とは窮極するところ同体なりとせられ、自然自体は神の現顯に外ならぬとせられて居る。しかし、仙道よりみるときは決して神自体をさして自然其のものとはせられて居ない。仙道では自然はどこまでも自然として存在し、神は神として存在するものとせられて居る。しかしながら、全々自然界を離れて獨立せる神の存在を認めるものではない、只、神と自然とは有意と無意の差のあるもので、有意は即ち神、無意は即ち自然であるとせられて居る。そうして神を稱して、其の根元を自然界の自然の徹によつて生れた一個の産物とし、自然の流露に外ならぬとして居る。

此の自然の徹によつて生れたところの神の經綸、即ち神の道を稱して、之を神道と云ふ。神道の一端にて吾人々類を向上し、美化し、神化せしむるの道が卽ち仙道である。故に仙道に說くところの敎を仙敎と稱する吾人々類の仙敎を習ひ、仙道に參じ。悉地を成就して普通人力の成し能はざる行を現す術を仙術と稱する。

仙術は、人間界を去つて、仙界の幽境にあるものが、難業苦業により身心を修錬し親しく神より傳はれる偉大なる法術を、强烈なる自信と信仰とによつて、理法を以て解くべからざる不可思議の現象を演ずるものである。併し茲に仙術を行ふ仙人と稱するものも本來は人間である。故に其の法術の威力に於ても修業の厚薄、自信力の强弱等によつて、巧拙大小のあることはまぬがれぬ。

第二章　仙術の不思議

古來より神通には、四神通、五神通、六神通等と稱して、佛典、神典道敎其他多くの書籍に散見して居る。

神通とは、即ち大自然の機微を察し得て、其の掌るところの神の各部に通じ、理論上なし得ざるあるし、行ひ難きを行ひ現すの方術である。左に神仙術にて靈妙なるものゝ二三を擧げて説明を加へて見やう。

一、天言通

二、宿命通

三、他心通
四、神足通
五、天耳通
六、天眼通

一、天言通

諸典には天言通について色々の説明を與えられて居るが、要するに天言通とは、目に見えざる神佛、其他の靈と、無言の内に談る法術である。靜岡縣清水港在住の長澤雄楯翁の先師本田親德翁等は此の法を能く行ふたこと、傳えられて居る。

二、宿命通

宿命通とは、千万年以前の其身、其人の宿世の事をよく知るところの知である。謂ゆる輪廻轉生を談るもので釋尊等は能く斯法を行ふて、多くの弟子をさとされたと傳へられて居る。

三、他心通

他心通とは他の心中に思慮するところを自在に知るの通である。役行者、空海等は能く斯の法を行ふて他人の心中を明に知り機先を制したものである。

四、神足通

神足通とは、百千里の道も尺寸に縮めて行く通力である。大正四年大阪市に在住する若林耕七翁等は、此の通力を具へた事がある。

五、天耳通

天耳通とは、被障細遠の聲を聞くところの耳である。又一説には、普通人間には聞くことを得ないところの音（神意）を聞くの耳であるとして居る。

六、天眼通

天眼通とは、被障細遠のところを見るの眼である。山川其他の障壁を徹して千萬里の外を見、肉眼を以て見ることを得ざる微細のものをも、能くこれを見極めるの眼である。世には多くこの法を行ふものがある、千里眼、神通眼等は即ちこれである。

第三章　古今の仙人

我國に於て仙道を成就し、仙界にあるものを列擧すれば、

一、役行者

二、空海

三、菅公

四、兒島高德

五、寅吉
六、山中照道
七、河野至道
八、黑住宗忠
九、人僊=山形嶂

一、役　行　者

役行者は大和の產である。幼時より仙道を修し、葛城、箕面、吉野大台ヶ原、富士山等に修業せられ、最後に大峰山を開いて仙去した、今も尙、富士山、大峰、熊山、大台ヶ原山等に修業せられ、人界の爲に盡されて居る。地仙である。

二、空　海

空海は密敎正統第八祖である。佛仙道を修し地仙として諸山に遊行せられて居る。日本に於ける佛仙界の頭目であろう。

三、菅　公

菅公については紙上にて多くを述へる事が出來ないが、仙界に入られた事は事實である。仙界に於ても非常に位高く天仙として御存在せられる。

四、兒島高德

高德は備後の產である。勤王の志厚く熊山に旗を擧げ天皇の意を安じた、中年仙道に志し、仙道を成就して仙去したのである。今も尙熊山其他の靈山に修業せらるゝことゝ思ふ。

五、寅　吉

寅吉氏の仙界に這入られた模樣略歷等は、平田篤胤の著、仙境異聞に詳細發表されて居る。余の寅吉氏の現今仙界に修業せられ、某山に某行を修められて居ることを知り得たのは、大正十一年山形氏より聞き知つたのである。本年百十五歳になられ地仙として存在せられる。

六、山中照道

照道仙人は大和の産である。足利義持将軍の時代世の亂れを憂ひて仙道を志し、最初は富士山に修業せられたが、後吉野山に修業せられ、明治九年七月七日子の刻吉野山の仙窟より昇天せられた、天仙として存在せられる。

七、河野至道

河野氏は明治の初年靈夢に感じ仙道を志し、遂に山中照道仙人を師として仙道を修した、理由あつて中途行中に尸解仙として仙去せられた。今も尚熊山、吉野山其他の靈山に修業せられて居る。

八、黑住宗忠

宗忠は備前の國今宮村の神官黑住茂の三男である。中年肺を病み死に瀕せし時、悟るところあつて信仰に心をよせ遂に神明に通ふに至つた。嘉永三年二月二十五日七十一歳を以て尸解仙として仙去した。

九、山形　嶂

山形氏は岡山縣の產である。七歳の時兩眼の明を失ひ音樂の道に志して居たが、九歳の時事情あつて宮島の嚴島辨財天に十日間の祈願を込め、不思議の神助により熊山に住む神仙に救はれ仙道を修するに至つた、現今大阪に在住せられ斯道を修して居る、年五十四歳。

第四章　修道の階梯

神仙道修業者は、道程によつてわかるゝ三階段の始めより修めねばな

らぬ、卽ち三階段とは

第一期　求　道　期

第二期　信　仰　期

第三期　修　道　期

の三段である。

尙之れを行法によつて分類するときは、

第一期　求　道　期

イ、養　生

ロ、積　德

ハ、心身の修養

ニ、良師の選定

第二期　信　仰　期

イ、水業
ロ、火食断
ハ、念願
ニ、不動心

第三期　修道期
イ、慈愛
ロ、捨身錬業
ハ、神律の遵守

更らに之を階級に分つ時は
第一期　求道期――行者――養生
積徳
心身の修養

良師の選定

第二期　信仰期＝行者＝水業

火食斷

念　願

不動心

第三期　修道期＝行者

地仙

天仙＝慈愛

捨身錬業

神律の遵守

となる。

左に求道期より修道期に至る行法の内容を述べて見やう、

第一期　求道期

イ、養生

養生の道は自然の攝理を了得し、之を行ひ生を養ふの道である。古來より養生の道を説くものは非常に多い、左に其の二三を示して參考の資とする。

一、佛敎の醫敎中病の十因を列擧すれば

一、久座
二、不臥
三、食不量
四、憂
五、愁
六、疲極

七、淫泆
八、瞋恚
九、大小便
一〇、制上下風
又僧祇律には横死の九因がある、
一、饒益にあらざる食と知りて貪り食ふ
二、食を量らす
三、内に未だ消せずして更に食ふ
四、強ひて咽下す
五、已に消して出でんとするを強て制す
六、食・病に應せず
七、病に隨て算量せず

八、服薬を怠る

九、智慧として心を調ふる能はず　として居る

二、後漢書には、

『神を太だ労すれば則ち竭く、形を太だ労すれば則ち斃る、形神早く疲れて能く長久なるものは、聞くところに非るなり』と、

三、素問には

『百病は氣より生ず、怒るときは氣上り、恐るときは氣下り、喜ぶときは氣緩み、悲しむときは氣消ゆ、思ふときは氣結ぼれ、驚くときは氣亂れ、寒きときは氣収まり炅きときは氣泄れ、労るゝときは氣耗る、』と、

四、平野元良の養生訣には

『人の視聴言動は皆之れ心識の運用なれば、假りに之を陽に屬し、身体耳目の形質あるものは假りに之を陰と名く。此の陰陽の二氣は元天よりうけ得たる命算の定限あるものなれば、此を愛養ひて妄りに外物に使役ぬ様にすれば、其費用ところ少きをもつて、心識よく内に守り血氣自ら充足て壽算も延べき道理なり。然るを之に反いて己が利欲のために其体膚を勞し、妄りに心識を費用こと其度に過るときには、陰陽冲和の性を失ひ、定限ある命數を耗散を以て齢を短めることもまた知りぬべし。』

と云はれて居る。

ロ、積　徳

積徳とは徳行を積むことである。凡そ人と生れては何業に従事するとも、徳を積むことに努力せなければならぬ。ましで神仙の道を修して仙道を成就せんとするものは、徳を就つることは瞬時も忽にすることは出來ぬ、仙道を修する上に於て最大要件は、

一、身心の修養

二、修道積德

三、不動の信念

の三項である。其中にても德を積むことは仙道をして正、不正の分れ、即ち分水界に等しいものゆゑ、修道者は特に此点に注意して積德に努力せなければならぬ。

八、心神の修養

古來より仙道を修するものゝ心神の修養に資する金言は

多くの書籍に散見する。

左に其の二三を掲げて參考として見やう。

一、支那の神仙の其の弟子に授けられたる一文『心湛々として動くこと勿く、氣綿々として徘徊し、精涓々として運轉し、神混々として往來せしめよ、崑崙を七竅に開き元氣を九垓に散し、玉關をさくはすれば、神光方に顯れ、寂然圓郭去來に一任す。』

二、華陀別傳に

『城陽の郗儉少きとき獵に行き空冢の中に墮ち飢餓す、冢中を見るに先きに大龜あり、數々回轉し向ふ處常なし口を張り氣を呑み或は俛し或は仰ぐ、儉、素より亦龜の能く導引するを聞き、乃ち試みに龜の爲すところに隨ふ遂に又飢ゑざること百餘日頗る苦を極む、後ち人偶々家中を窮ふあり僉を見て之を出す、後ち竟に能く氣を咽み穀を斷つ、魏王召して土室中に置き閉ぢて之を試む、一年食はず顏色悅澤氣力自若たり。』

三、白隱の夜船閑話に

『吾が師大慈大悲願はくば內觀の大意を書せよ、書して留めん、後來禪病疲倦吾が輩の如きものを救へ、師即ち頷す、立處に草稿なる。稿中何の說くところぞ、曰く大凡生を養ひ、長壽を保つの要、形を鍊るに如かず形を練るの要、心氣をして丹田氣海の間に凝らしむるにあり、神凝るときは氣集る、氣集まるときは即ち神丹なる、丹なるときは形固し、形固きときは神全し、神全きときは

壽し　是れ仙人九轉還丹の祕訣に契へり。』

二、良師の選定

良師の選定は事更ら之を求めるの必要のない場合もあるが、神緣、仙緣あるものゝ外は良師の選定には充分の注意をはらはねばならぬ。若しこの師の選定を誤り、世間に稱する行者を師とし、隱者を師として道に參ぜんとするときは、往々にして魔道に入るのおそれあるからである。余が親しく仙界に通はれる某氏より聞くところによれば、現今眞の神仙界の御守護によつて仙道を修して居るものは殆んどない。その事である故に眞の神仙界の系統を引き、高位の神仙の御守護による師を選定せなければならぬ。

第二期　信仰期

イ、水　業

水業は師の命ある場合、又は神仙に祈願する場合、若しくは身心の修錬に資する場合行ふべき行法である。師の命若しくは祈願の場合は徹頭徹尾其の定められたる期日中は押徹さねばならぬ。主として之等の水業は其の期日内に於て身の穢を洗ひ去ることにある。禊教等では特に斯の業を行ふて居る。

尚水業は身の穢を洗ひ去るばかりでなく、左の如き効験を見る。

一、身心健全となる

二、諸病に罹らなくなる

三、意志が强固となる
四、諸病を根治する
五、心神清澄となる
六、身が輕くなる
七、精神爽快となる
八、血液の循環良好となる

水業の場合は元氣をして丹田に充實せしめ、息をこらしてウンと氣力を込め行ふべきである。

ロ、火食斷

愈々神仙に接し仙命を拜授せんとする時、又は師命によつて山中に苦業するときは、火食斷をせなければならぬ
火食斷とは總て火を用ひて製したる飲食を斷つことであ

る。而して火食斷とは業中は果物、野菜等の小量を用ひる。期間は各自の祈願、師命等によつて一定しては居らぬ。

八、念　願

念願は修業者の神又は仙に祈願を込めることである。

二、不動心

念願を以て神仙に祈るときは最早己れを忘れ他を忘れ、只一念となつて神仙に願はねばならぬ。如何なる困苦が身を責むるもガンとして動くことなく、意志を飜さずして一意專念不動の信念を以て向ふべきである。動不動の心は斯道成就に大なる關係をもつものである。謂ゆる成功を見ざればやまずの大精神を以て身命を投打ち押徹すものは、神仙も感動して之を救はれるが、退轉するものは神仙の意に叅ずる事は出來得ない。

第三期　修道期

イ、慈愛　ロ、捨身鍊業　ハ、神律の遵守

修道期は卽ち仙界の御守護を得て地仙の道を修するの時である。斯の境に及ぶ時は總ての行法は秘密を要する、故に今はこゝに述べることを許されない、余の神仙道を修する某氏より親しく聞くところによれば、斯の期の者は慈愛を以て徹頭徹尾押し徹さねばならぬとのことである。慈愛を以て接することは德を積むの方法となるからである。又神律の遵守によつて事にあたるときは捨身の意を以てかゝらねばならぬ。聞くところによると、某々仙人等は遵守の道を破つたが爲め神怒にふれ神律に照されて難苦の境にあるとのことである。故に師命又は仙界の御守護によつて神仙の命を拜授したる場合は、如何なる事情あるとも絕對之を守らねばならぬ。

第五章　發心より仙道成就迄

仙道を志して斯道を成就せんとするには、修道の順序をふまなければならぬ。即ち求道期に於ける行法を全ふして信仰期に入り、信仰期によつて神仙に接し修道期に入るのである。左に求道期より修道期に至る階梯を述べて見やう。

仙道を修し成就せんとするものは身體の强健を圖らねばならぬ、身體の强健をはかるは斯身此儘上天するの第一階段となるからである而して強健を圖るの方法として精、氣、神、の三階段を知るの必要がある。

即ち、

一、血化して精となり、

二、精化して氣となり、

三、氣化して神となる、

の三項である、吾人の常食する食物は化して血となり、精となり氣となり神となることである。故に此の理をよく極めて身体の強健をはかり共に徳行の圓らかならんことを期せねばならぬ。徳を積むの道としては陰徳を以て第一とする。

強健をはかり陰徳を積むは仙道修業上終始一貫努めて行なはなければならぬ。次に特殊の修業たる心神の修養を行ふ、即ち精氣神を錬つて一段の効を積み、妙に入るのである。佛道に於ては此の修業を禪那、道敎では靜座、冥想等と稱して居る。

普通養生を强くし德を積み心神の修養よく其の妙境に及び命を終るものは仙界の御都合によつて尸解仙となることが出來る。

次に斯身此儘昇天せんとするには、どうしても神仙の御守護を得なくてはならぬ。故に師の命、或は自己の念願によつて水業をとる、又水業と同時に火食斷をする、水業と火食斷、念願、不動心は同時に行はれる。不動の精神を以て祈願をこめ、水業と火食斷とを行ふて神仙の御守護を得なければならぬ。御守護によつて仙敎を授かり又は種々なる方術を授つて地仙の道を修する。最早此境に至るときは仙となり得べき仙界の許しを得たるも同然で、後は各人の慈愛と捨身と神律の遵守の程度によつて天仙の境にも及ぶことが出來る。

天仙の境に至るときは地を去つて昇天し諸神に奉仕して神法神律に遵ひ、神意を世界に闡明する。こゝに於て仙道は完全に成就せられたのである。

第六章　參考資料

一、仙家祕訣無病長生法　（川合清丸著）

素食法

此の法を修し得るときは、胃腸を健全にして食物を能く消化し、一切の飮食を悉く擧げて全身の滋養に供する故に、食物より生ずる所の病患は之れに依つて根治し得べし。

◇素食とは何ぞや、穀類蔬菜等の新鮮淡白なるものを選びて食するなり素食は能く消化し停滯せず。消化し易き食物より分泌して製出する血液は極めて清鮮なるが故に。全身を循環營養するの養分最多くして、身體之れが爲めに頗る健康活潑なりと雖、彼の濃厚なる食品に於ては、假令滋養卒は多量なるも胃中に於て消化するに多時を費すが故に、其間に胃熱のために腐敗を來たし、十分淸鮮なる能はず、則ち之れより製出する血液は既に汚濁の氣滯るか故に。循環營養に於ても畢竟其養分に餘程の減少を來すべし。

左ればとて。世人に肉食濃味を全く斷つべしとには非ず、唯だ美味珍羞に屬するものは概して不消化なれば、成るべく其量を節減し腹量七八分に止めなば。極めて適當なるべし。

導引法

人の身體は氣血を以て營養する故に、血氣の循環澁滯せざれば、身體は壯健にして精神快活なり、若し之れに反するときは其局部倦怠を生じ、或は鬱血して總身何となく不活潑となり、精神之れが爲に怏々として煩悶の狀を呈するに到らん。

此法を修し得るときは、能く氣血を循環して、復た淹滯澁着せしむることなし。

故に氣血より生ずる處の病患は、之れに依つて悉く根治し得べし。

導引の法は盤坐して徐ろに次の順序に行ふべきものとす。

頭部の摩擦

◇眼　左右の掌を互に摩擦し、熱の出づるを待つて之れを開き、先づ左掌にて左の眼を目がしらより目尻まで撫で、次に右掌にて右の眼を同様に行ふ――左右各三回反復して、

◇鼻　左右の掌を開き双手の中指を突き揃へ、鼻を上より下へ撫で下ろすこと――三回、

◇顔　左右の掌にて顔の全面を上より下へ撫で下ろすこと――三回、

◇耳　双手を両耳に來たし、耳輪を兩指にて挾み撫で下ろすこと――三回、

◇歯　双手にて唇の上より歯を叩くこと――五十許、

◇偏頭　両掌にて耳を塞ぎつゝ、兩指頭にて緩かに耳上の頭部を叩くこと――五六十回、

◇耳孔　兩中指を両耳に入れて捜り、暫く塞ぎて双方へ開く、

◇額　双手にて後額より左右前額と頭顱の周圍を細かに叩く、

以上を終りて、腹部に移る。

腹部の摩擦

一、右掌にて着衣の上より、左乳を中心として次第に大きく輪形を書く如くに摩する——三十回、

次に左掌にて右乳を同様撫摩して、

二、氣を丹田（臍下一寸五分の處）に收め、右掌にて臍を中心として輪形を畫く如くに撫摩する——三十回、

次に左掌にて同様反復して、

三、左右の手にて同時に胸腹の全面を撫摩捺擦する——數十回、

四、左右の手にて交互に上胸部より下腹まで撫下する——六回、

以上を終りて上肢に移る。

上肢の摩擦

一、左手を掌を下向にして前に伸ばし、右手にて左の肩先より始めて左指の端まで撫で下ろす――六回、

次に左掌を上向にする如くに反して　復た右手にて前述の如く撫で下ろす――三回、

次に復た左掌を下向にして、前の如く撫で下ろす――一回――計十回あり、

次に右手を伸ばして、左手にて同様――十回、

二、右手にて左の拇指を握り、次に左手にて右の拇指を握り、次に右手にて左の食指を握り、次に左手にて右の食指を握り、次に右手にて左

の中指を握り、次に左手にて右の中指を握り、小指も同様交互に握り、之れを再び拇指より反復して、其終りに左手にて右の小指を握りたるま、之れを膝の上に安置して少時氣を丹田に收む。

以上を終りて、下肢に移る。

下肢の摩擦

一、盤座を崩して兩脚を向へ伸ばし、左右の手にて兩脚の着根より股膝を經て、甲より指端まで左右同時に撫で下ろす――六回、

二、次に脚の裏面を腓足心を經て指端まで、左右同時に撫で下ろす――三回、

三、次に初の如く表の方を撫で下ろす――一回、

四、次に兩脚を手前へ引き膝を少しく立て、膝の間より兩手を伸ばし

て、先づ左手にて左足の拇指を握り、次に右手にて右足の拇指を握り、左右交互に順次握り締めて小指に至り、再び拇指に立返りて、左右同時に握り締めたるまゝ暫時氣を丹田に收む。

以上を終りて背部に移る。

背部の摩擦

一、起立して左右の拇指にて腰より下、臀より上の邊を、脊髓を挾みて按摩する――數回、

二、少しく背を屈して、双手を脊に回らし、左右の掌にて同時に背中へ打ち込み、其より腰臀腓を經て跟まで撫で下ろす――十回、

三、次に双手を背に回らし、左右の掌を左右の肩を越さしめて背上を打つ、左右交互に――五十回、

四、再び盤座して口中の津液を嚥み。氣を丹田に收めて止む、

以上の導引法は、成るべく朝夕に行ふを可とす、則ち朝は離床の際に、寢衣のまゝにて――一回、又た就蓐の前に寢衣にて――一回行ふなり。

灌水法

此法を修し得るときは、皮膚を堅固にし毛孔を收縮するが故に、能く寒暑に抵抗し外邪の冐す處とならず、則ち冷水摩擦の一種にして、毎朝タオルを冷水に浸し緩く絞りて、全身を細かに摩擦し、皮膚の淡紅色を呈するまでにして止むるなり。

唯た之れを行ふ時間は朝暮の二回として、何れも喫飯後直ちに爲すものにして通常世人の行ふ如く朝離床するや直ちに行ふのと少しく差ありとこれ空腹の際は血氣總身に充滿せざるを以て、感冒の虞あるが故なりと

いふ。

觀念法

此法を修し得るときは、精神を自在に運轉遊戲せしむるが故に、欝屈煩惱の覊絆を脫し、心神安寧となるを以て常に六根淸淨となり、病魔も爲めに侵す能はざるに致るべし。

觀念法に三種あり。一は數息觀、二は神遊觀、三は輭酥觀之れなり。

數息觀　晝夜の時間を論ぜず、空腹時に於て靜室に入り、窓を閉鎖し床を展して枕の高さ二寸五分なるを安じ正身仰向に臥して、兩肩を緩やかに寬げ、兩脚を長く蹈伸し、目を閉ぢ口を結ひて五體を輭和に支へ、滿腔の妄想を放下して總身の元氣を氣海丹田に充たし、臍下を鞠の如くに張り詰め、鼻孔に鴻毛を懸くるも動かざる底の息を、綿々と細く出入せしめ、其息を數へて一より十に、十より百に百より千に到るべし。

其間に斯の心其息に合同して、存するが如く亡ふるが如く、目に見る所なく耳に聞く所なく、此身入間に在りや虛空にありや、天上にありや人なりや、神なりや佛なりや、生たりや死したりやをも打忘れ、斯心の寂然たること虛空と等しからん。

斯の如きこと久しうして一息自ら止まり、湛然として出でず入らざるの時、此の息は八萬四千の毛孔中より雲の如くに蒸し霧の如くに散りて謝し去る、其時病あるものは此息と共に雲蒸霧散して其痕跡を隱し、煩悶あるものは此息と共に雲蒸霧散して其痕跡を消滅すべし、是れを名けて數息觀といふ。

神遊觀　人若し心兀々として無聊に苦しむことあらば、須く神遊觀に入りて心神を壯快にすべし。

神遊觀とは曾て遊べる名山大川瀑布靈泉市邑大都帝郷仙域神地佛境孤村古驛等凡て清淨閑雅なる勝概の地に心神を到り遊ばしむるの法なり。其法は靜處に盤座すること法の如くにし、双手を固握せしまゝ膝上に安じ、心を攝めて此想をなすべし。

今此居處を離れて某の處に到り遊ばんと、即ち此村を出て彼驛を過ぎ今は某山を越へ某川を渉り彼の岡邊より此溪間に下り、左に某の峰を望み右に某の池を眺めて、何々より何々に到り終り某の處に來り遊ぶと、其道中の地理を一々仔細に經過して、初め期したる處に想ひ致るなり。

扨て其處にて或は花を看月を賞し、或は雲を踏み藥を尋ね、或は流に浴し風に沐し、或は友を訪ひ僧を問ふなど、清淨閑雅なる遊びを成し、畢りて歸る時にも亦た來る時の如く一々里程を經過して、本座に還り來ると觀想するなり。

此観想に達する時は、芳野嵐山の花も須磨明石の月も、松島の霞富士の雪にも、遠國の人故郷の友にも、瞬息の間に逍遙遊覽し、交通談笑して興を添へ快を充たし情を悦ばしめ性を養ふこと涯なからむ。

輭酥観　人若し五體調和せず身心疲勞することあらば、須く此輭酥観に入るべし、其法は座臥ともに妨げなく左の観想を凝らすべし。

其は色香最も清淨にして鴨の卵の大さなる輭酥丸と云へる仙華が、天より降り來りて己が頂上に留まり。此藥次第に融けて流るゝに其氣味の微妙なること、何とも譬へむ詞なく。遍く頭顱の間を潤し浸して漸く潤ひ下ること、恰も紙の端を水に浸したるが如く、額を經て眼に至れば眼の鮮かなるを覺え、耳に至れば耳の淸らかなるを覺え、鼻に至れば鼻の潔きを覺え、口に至れば口の涼しきを覺えつゝ、首筋を過ぎて一方は兩肩より肘に至り臂に至り掌に至り指端に至り、一方に首より兩孔に到り胸膈の間を經て背に廻はり、肺肝腸胃脊梁臀骨と次第に注ぎ浸して下に向ふ。

此時に當りて胸中の五積六聚症痛塊痛等、其心に隨ひて降下すること水の低きに就くが如く、胸腹の中瀝々として聲あるを聞くべし、其れより周ねく遍身を環流して兩脚を溫潤し、膝を經足の甲を過ぎ足蹠に至りて止まる。

斯の如く觀すること數回に至りて、更に再び此想をなすべし。彼の浸々として潤下せし仙藥が、下半身に積り湛へて暖め蘸すこと恰も世の良醫が種々の妙香劑を調和し、之れを煎湯して浴盤の中に盛り湛へて、我が臍輪以下を漬け蘸すが如しと。

此想を凝らす時に、不思議にも心の作用にて、鼻は杳に香氣を聞き身は俄かに妙好の輭觸を受けむ、是時身心調適すること遙かに二三十歲の時に勝れり、此時に中りては（從前の積聚は底を排ひて融消し、不安の腸胃も微妙に調和し、皺延び毛黑くして肌膚光澤を生ずるを見む、若其れ勤めて怠らざれば、何れの病か治せざらん何れの德か積まざらん、何れの仙か成らざらん何れの道か得られざらん、唯だ其効驗の遲速は行者進修の精麁如何に因るのみ。

吐納法

此法を修し得る時は、元氣内に充實して精神上に快活なるが故に一切の諸病は三舍を避くべし、上記せる四法を修したる上に、又た此法を修し得れば、身體と氣血と精神との三者能く調和し、始めて心身の健全を享受するに到るべし。

吐納法とは、大氣を呼吸する一種の方法なりと雖、亦た決して呼吸と同意義ならず、呼吸には呼吸の効用あり吐納には吐納の効用あり、呼吸は大氣を氣管より肺に入れ以て心臓に接せしむるにあり、吐納は大氣を食道より胃に入れて、氣海丹田に疊み籠むるにあり、之れ其名を異にする所以なり、而して其方法は、

先づ盤坐して脊骨を垂直にし、胸腹を豐かにし、肩を寛げ心を虚にして、兩拳を緩く握り掌を上向にして左右の股上に腹に添へて置き、上下の唇を合せて其中央を極めて少さく針のやゝ通る程に開き、面を少しく俯向けて大氣を如何にも細長く綿々と吸ひ納るゝなり。吸ひ納るゝに隨ひて面を少しづゝ仰向け、今や吸ひ畢らんとする刹那にグツと、嚥下すると同時に、唇を閉ぢて頭を少し顚くべし、是れ咽喉を閉ぢて吸入せる大氣を外へ漏出せしめざる法なり、其より臍下に力を入れて心靜かに氣を張るべし、やゝ暫くありて氣詰り息苦しくならんとする前に、鼻孔より

息を如何にも細長く綿々と繰り出し、繰出すに隨ひ少しづゝ俯向き漏吐し盡して終る、之れを一息となす。

一息毎に緩るく握りたる右手の指にて數を算し、十に至れば左指に移し、又た右手にて算して五十息に至りて止む。

以上說くところの仙法は、川合清丸氏が明治の仙人と稱する、河野至道仙人より親しく秘授せられたるものと云ふ、しかしながら、余の某氏より聞くところによれば此の中少々宛違ふ点あり。河野氏或は川合氏の仙道の秘密にして亂りに傳ふべからざるを知り加除訂正せられ發表せられたるものと思はる。

尙文中數息觀、輭酥觀、神遊觀等は白隱の著內觀法に發表されて居る。又導引法は支那仙家の修養せられたるもので斯道は各種の書籍に散見して居る。故に仙家祕訣、仙傳の祕法と稱する点は吐納法の一文にあると思ふ。

佚齋樗山の收氣術大意

道は見る可からず又聞く可からず、其の見るべく聞く可きものは道の跡なり。その跡に由て其の跡なき所を悟る、之を自得といふ。學は自得に非ざれば用をなさず。

夫れ心を載せて形を御するものは氣なり。故に一身の用は全く氣之を掌ごる。氣の靈之を心といふ。天理を具へて此氣に主たるものなり。心の體もと形色聲臭なし。氣に乘じて用をなすものなり。上下に通ずるものは氣なり僅かに思ふことあれば忽ち氣に渉る。心の物に觸れて動く之を情といふ。思惟往來する之を念といふ。心の感ずるまゝに動いて自性の天則に率ふときは、靈明始終を貫きて氣の妄動なし。例へば舟の流れに從ふて下るが如し動くと雖も舟靜かにして、更に動くの跡なし。之を動而動無とはいふなり。

凡人は生花の迷根未だ斷ぜず、常に隱伏して靈明の蓋となる故に、喜怒哀樂の未だ發せざる時は、頑空にして濁水を湛へたる如し、一念僅かに動く時は、かの隱伏の迷蒙起りて情欲妄動して我が良心に迫る。洪水に逆上りて舟を棹すが如し。波荒らく舟動きて內心安きことなし。氣の妄動する時は應用自在ならず、初學の時より先づ生死の迷根を斷つを要す。

然れども生死の迷根は頓かに斷ちがたし。故に生死の裡に於て心を盡し、氣を鍊り、進退勝敗の事に試み、其の間に於て工夫を怠らず、能く殺身修行をこらし、事熟し氣收り、其の理の心に徹して疑ふことなく惑ふことなく此の一路に於て靈明の塞がる所なき時は、此の念是に動ずることなし。此の念毫も動ぜざる時は、氣は靈明に隨ふて活達流行し、此の心を載せて滯ほることなく、又否がることなく、其の形を御することも無礙自在なり。此の心の感に隨ふて應用の速かなること戸を開きて直に月の指入が如し。物を拍て直に聲の應ずるが如し。

勝敗は應用の跡なり。我に此の念なければ、形に此の相なし。相は念の影にして形にあらはるゝものなり。既に形に相なければ向て敵すべきものはなし。是を敵も無く我も無しといふ。若し我あれば敵あり。我なきが故に來る者の善惡邪正一念の徹に至るまで鑑に移るが如し。我より之を移すには非ず。彼來て移るのみ。故に成德の人には邪神の向ふこと能はざる如く、是れ自然の妙用なり。若し我より之を移さんとせば是れ念なり此の念の我を塞ぐが故に、氣滯て應用自在ならず。不測の妙用思はず爲さずして、來往神の如くなるもの之を悟入得脱の人といふなり。今初學の者の爲に暫く收氣の術を記さん、是れ全く童蒙に效はすべき手段に過ぎず。

收氣術大要

一、先づ仰向に臥して、肩を落とし、胸と肩とを左右へ開き。手足を心の儘に伸べ、手を臍の邊り虚欠の所に置く可し。而して悠々として萬慮を忘れて、兎や角と心を用うることなく、氣の滞りを解き、氣を引さげて、指の先までも氣の行き渡るやうに生氣を總身に充たしめ、禪家の所謂數息觀の如く、靜かに呼吸の息を數へ居れば。その初は呼吸荒きものなり。漸々に呼吸平らかになる時に、更に生氣を一括して天地に充るが如くすべし。息をつめ氣を張るには非ず。只氣を内に充しめて活動するあり。此の時に積聚の病ある者は、胸腹の間に其の病の有る所は必ずタルク氣味惡きものなり。是れ即ち結ばれ凝たる氣の融和せんと欲して動ずるなり。腹の内にて少しく鳴るものなり。

此の時に多くは腹の内の氣味あしきに驚きて止むものあり。されど斯は猶ほ初の開きて充たる氣を改めず、掌を以て柔かに抑さへ揉むべし。若し強く捫るときは彼の動ずる邪氣に逆らひて、却て鎭らざるものなれば。總じて腹の上で一所に久しく手を置く時は、氣が其の所へ集りて害する者あり。尤も甚しく突上ぐる心地ある時は格別に靜かに撫で柔ぐも宜しけれど、先は其儘に放任して逆はぬが宜し。故に腹部の充實したる心地の所に手を置かずして、可成虛なる所に手を置くを習ひとす。

亦背に病ある者は必ず背がダルクあるものなれば、只氣の凝らざるやうにすべし。肩と胸とを開くこと習ひあり。兩の肩を脱ぎ出す樣に開く時は自ら氣伸るものなり。

是れは形を以て氣を開くの術なり。氣滯る時は心滯る、心滯る時は氣滯る、心氣は一體なり。これは先づ氣の滯りを解きて、その倚所物を平かにする術なり。例へば總身に蟻などの集りて煩しきを拂ひ落して一身を清くし。その上にて新しき衣類を着して綺麗なる所に居るが如し。

神道の相傳中に內清淨、外清淨といふことあり。內清淨は心を潔くして私念妄想の穢れを去り、無欲無我の本體に復へり、元來固有の天眞を養ふなり。又外清淨は身を潔くして衣服居所を改め、氣を轉じて外の邪氣の內へ移らざるやうにして。內清淨を助くるなり。內外本一なり。內淸淨の外に外淸淨あるには非ず。心氣元一體也氣は形の內を運つて、心の用を爲す。心は靈なり、形なくして此氣に主たるものなり。氣を修する時は心自ら安し此氣妄動する時は、心困しむものなり、例へば船の靜かゝる時は乘者安く。波荒く船危き時は乘者安からざるか如し。故に初學の手を下す所は、先づ氣の滯りを解きて心を平かにし、氣を活して心の自在を爲すべし。是れまでは寢て散亂するの氣を收め、倚る氣を解きて平かにする術なり。

斯の如くすること五七日又は十日廿日の內に、自修して自身に快きことを覺ゆべし。其の快き時は猶々此の術を行ふべし。

氣收りたらば氣を活すべし、隨氣に率るべからず。氣總身に充るが如く、纔かに心を活すれば氣亦活するものなり。

又晝は起きて形を正ふし、氣を活して總身に充しめ彼の正三派の二王座禪の如く暫くの內座して氣を收むべし。必しも線香を立て時を定め結伽趺座するにも及ばず。常の如く座して形を正し、氣を活するに止るのみ。暫時斯の如くして一日に幾度も間暇の時に修すべし。

斯の如くすれば筋骨の束ね合ひ血脈流行して滞りなく、生氣内に害して病自ら生ぜず。形正しからざれば氣の倚る所あり、立て修するも同じ人と對ひ座し又は物に對し、又は事を務むる時も同じ、胸と肩とも開きて氣倚ることなく、滞ることなく、總身手足の指の先きまで氣の充渡るやうに心を付べし。

歌謠して聲を發する時も、飯を喫し茶を飲む時も、路を歩み山に登る時と雖も、常に斯の如く心を着くる時は、後には慣れて不斷の事に成りて、自然に氣の活するものなり。不斷かくの如くする時は、不意の變に應ずる事速かなり、隨する時は死氣に成て用に應ずること遲きものなり能く落付たると、油斷とは相似て異なるもの也。自ら試みて知るべき事にて、是れ文才も要せず、力業にも非ず、初學幼童と雖も心を付けて習熟すれば、勞すること無くして成し易き事なり。

或禪僧の小童に敎へて云く、怖しき所を通るときは、必ず腹を張つて行過ぐべし。更に怖しきことなきものなりと。好方便なり、腹を張れば氣を引下りて內に充て強くなるものなり氣上に有て虛欠なれば驚き恐るゝことあり。

凡て步行する者を見るに、多くは上づりある故に、頭と釣合て步し、又は五體を接て步す。能く行く者は腰より上は動くことなく、足を以て步行する故に、體靜かにして臟腑を接ことなく、形の疲れざるものなり彼の駕輿丁の步するを見て推知すべし。劍戟を執て行くものは氣濁り倚る時は足を行くことを能はず。頭に連れて五體を接ときは形に損あり。氣動て心靜かならず。

刀は右を先とし鎗は左を先にす。立つ時は前む足を活して立つものなり一切の事皆常に修すべし。路を行き乍らも座しても寢ても。人と對しても、都て工夫は或るものなり。猿楽の太夫共の足使ひを見るに皆爪先をそらして進む足を活し踵を踏で行く是れ身の風流許りに非ず、進む足活きて足を使ふに自由なり。又鞠を蹴る者も身使や足使も同じことにて上手の太夫の舞ふ所を後より突くに蹶き倒るゝことなし。是皆氣活して總身に充ち、下は定つて重く、上は輕く動て倚る所なく、臍下より呼吸して聲を出すが故なり。之に反して下手なる舞役者は少し碍りても蹶き倒れるなり。これ下輕くして定まらず、氣倚りて生活せず、胸より上にて呼吸し上釣に成つて、下の虚欠なる故なり。上手の謠物は聲を呂へ落す時に臍下大に膨るゝものなり。是等の事は常に自ら試みて知るべし。故に人の歩行するに下輕く上釣なる者は早く疲るゝものなり。此等の事に限らず、耳目の觸るゝ所に心を付て能く工夫せば、天下の物は皆我師に非ざるなしと心得べし。

本文は森破凡氏著仙道と仙術より抜萃せるものにて文中よく氣の運用を解き、健康を得るの道を明らかにして居る。

十牛の頌和歌

第一、　尋　牛

たづねゆく深山の牛は見えずして、
たゞうつせみの聲のみぞする。

第二、　見　跡

おぼつかな心づくしに尋ぬれば、
行へも知らぬ牛のあとかな。

第三、　見　牛

ほえけるをしるべにしつゝ荒牛の、
かげ見る程にたづね來にけり。

第四、得　牛

はなさじと思へばいとゞ心うし、
これぞ誠のきづなゝりけり。

第五、牧　牛

日數へて野がひの牛もてなるれば、
身にそふかげとなるぞ嬉しき。

第六、牽牛歸家

すみのぼる心の空にうそぶきて、
たつかへり行く峰のしら雲。

第七、忘牛存人

しるべせん山路の奥のほらの牛、
かひかふ程に靜かなりけり。

第八、　人牛倶忘

雲もなく月も桂も木もかれて、
あらひはてたるうはの空かな。

第九、　返本還元

法のみちあとなきもとの山なれば、
松はみどりに花はしらつゆ。

第十、　入廛垂手

身を思ふ身をば心は苦しむる
あるにまかせてあるぞあるべき。

右は、禪宗の名高い十牛の頌と云ふて修養の道程を和歌によつて示したものである。第一發心の始めより第十修養の堂奥迄の十階段は悟りの道を非常によくあらはして居るものと思ふ。

修眞六十則

修眞三則

一、精

二、氣

三、神

一、精

一　精ヲ愛シ氣ヲ盛ニスベシ

二　過度ノ身体勞働ヲサクベシ

三　常ニ息法ニヨリ精ヲ養フベシ
四　飲食節ヲ守リ、起居ヲ正シクスベシ
五　熟睡ニ心ガクベシ
六　水業ニヨリ精ヲ盛ニスベシ
七　晝間適度ノ勞働ヲナスベシ
八　常時鎮魂ヲ修スベシ
九　氣ヲ散ズベカラズ
一〇　心神ヲ太ダシク勞スベカラズ
一一　怒ルベカラズ
一二　泣苦ヲ禁ズ
一三　邪念妄想ヲ去ルベシ
一四　天眞爛漫ノ心ヲ養フベシ

一五　房事ヲツヽシムベシ
一六　自然ヲ察シ自然ニ順ズベシ
一七　過度ノ勉學ヲサクベシ
一八　靜座冥想ヲコラスベシ
一九　惡行ヲ隱閉スベラズ
二〇　正行ニ參ジ、妄動ヲサクベシ

二、氣

一　氣ヲ錬リ神ヲ養フベシ
二　氣ヲシテ臍下丹田ニオチツクベシ
三　常ニ息法ニヨリ身体ノ强健ヲハカルベシ
四　氣ヲシテ猥リニ消スベカラズ
五　妄想雜念ヲ去ルベシ

六　常ニ氣ヲ以テ神ヲ守ルベシ
七　氣ハ常ニ下ニ位スベシ
八　常ニ觀法ヲ修スベシ
九　氣ヲ錬ルノ堂內觀ヲ修スベシ
一〇　猥リニ多辯ヲ勞スベカラズ
一一　心ノ苦シミヲ去ルベシ
一二　自然ノ法則ヲ察シクヨクヨスベカラズ
一三　氣ト病ノ理ヲ察シ身体ヲ御スベシ
一四　多散ノ氣ヲシテ、無散ノ極ニ至ラシムベシ
一五　過度ノ身心疲勞ヲサクベシ
一六　每朝空中ノ大氣ヲ吐納スベシ
一七　氣ヲシテ常ニ平坦ナラシムベシ

一八　誠心ヲ以テ大道ニ參ズベシ
一九　忠孝ノ兩全ニ心ガクベシ
二〇　敬神ノ德ヲ養ヒ氣ヲシテ勇ナラシムベシ

一、神

一　神ヲ錬リ妙ニ入ルベシ
二　神ヲ錬ルノ法、內觀ヲ修スベシ
三　猥リニ神ヲ勞スベカラズ
四　正心以テ神ヲ養フベシ
五　敬神以テ神ニ參ズベシ
六　心ヲシテ常ニ丹田ニ置クベシ
七　有無ヲ絕スル眞境ヲ養フベシ
八　怒ヲ鎭メ、心ヲ和グベシ

九　身神ヲ以テ身体ヲ御スベシ
一〇　自然ノ大道ヲ察シ、神ヲ苦シムベカラズ
一一　去悪就善ニ心ガクベシ
一二　神ヲ敬シ、眞神ノ境ヲ窺フベシ
一三　自然ヲ察シ自然ニ順ジ無利アルベカラズ
一四　正道ニ參ジ積德ニ心ガクベシ
一五　身体ノ强壯ヲハカリ病ヲサクベシ
一六　慢心ヲ去ルベシ
一七　正邪ノ道ヲ知リ邪道ニ迷フベカラズ
一八　天命ヲ悟リ天機ヲ窺フベシ
一九　私心ヲ去リ天道ニ參ズベシ
二〇　天命ニ安ンジ、敬神ヲ致スベシ。

以上六十則は仙道修業者の特に注意すべき事項にて、一日も缺くべからざるものである。

身心強健法

第一章　身心の健康

第一節　身体の健康

健康は吾人々類の生存をして意義あらしめる最大根本となるべき元素である。

古諺に、

『健全なる精神は健全なる身体に宿る』

と、實に健全なる體軀は健全なる精神と共に、人類生存上の總てを支配する。現今我國に於ても文明の餘病たる、結核、神經衰弱等の强惡なる病痾に苦しめられて、前途有爲の青少年の無慙に世を去るもの丶、日々に增加しつ丶ある有様は實に慨歎に堪えぬ次第である。一方之等病者の增加と共に、醫學の進步發達は非常なる促進を來たして居る。まことに皮肉の感に堪えぬとおもふ。現時身心強健法を説くもの漸次增加しつゝある。之等は總て現今の醫術に對立して病痾を治し進んで強健なる体軀と健全なる精神とを養成し、創世の目的を達せしめんとして相當の成績を擧げて居る。

古來より身体の健康については相當に考慮され、實行の方法も傳はつて居るが、最も完全にして多くの効驗を見る代表的健康法としては、仙道をおいて他に良法を認めることは出來ぬ。今日諸種の健康法の內容は、總て仙道の一部を改良せられたるものにて、自然の機微により醫藥を用ひずして、非常なる効驗を顯して居る。

第二節　心の健全

肉身の健、不健は、心の健、不健を來たし、心の健、不健は、肉身の健、不健を來たす。故に吾人は身体の健康をはかると共に精神の健全をはかり、心身共に健全を得て自己の目的の下に、勇往邁進せなければならぬ。
現今思想の悪化し動亂を好むものゝ増加せるは、一つは精神の健全ならざるによると思ふ。腦神經衰弱者、精神病者等も又同様である。思ふに之等の輩は肉体と精神との密接なる關係に暗く、行狀乱れて放逸散漫に流れ天地自然の攝理を了得せず、中庸を缺き、緩急よろしきを得なかつた事によると思ふ。

漢土の説に、

『神を太だ勞すれば則ち竭く、形を太だ勞すれば則ち斃る、形神早く疲れて能く長久なるものは、聞く所に非るなり』

と、精神を甚しく勞するときは肉体の消衰を來たし、身体を甚だしく勞するときは精神消耗して命を斷つに至るのである。されば精神、肉体の早く疲れて能く長壽を得たるものは未だ聞いた事がないと云はれて居る。故に吾人は精神の健全を圖るために消極的には過度の身心疲勞をさけなければならぬ。謂ゆる中庸をとると云ふことにある。又積極的方法としては、神仙道に述べたる如く、精氣神の三階段を心に留めて妙道を修せなければならぬ。而して不撓不屈の精神を以て、健全なる体軀を使役し人間天賦本務をして完全に遂行せしむることに努力するのである。

第二章　身体強健法

現今身体の健康法については、餘程八釜敷く傳へられて居るが、其の中の一つを以て萬人に適するとは、ゆかぬ。

現今最も著名なるものを擧げると。

一、二木博士腹式呼吸法

二、岡田式靜座法

三、藤田式息心調和法
四、裸仙人强健法
五、高野式抵抗養生法
六、川合式强健術
七、江間式心身鍛錬法

以上擧げた健康法は現今最も廣く行はれ、相當の成績を收めつゝあるものである。

總て之等强健法の根本は、仙道の胎息の法、並に、白隱の筆にある、內觀法に負ふ處が少なくない。

然して之等は皆、腹式呼吸と精神の統一に根底を置いて居る。余は此の腹式呼吸と云ふ点に於て、非常な努力と体驗とによつて、最も短時間で最も多くの効を修め、且つ何人も容易に行ひ得る理想的な方法を案出して、說述せんとするのである。勿論學理にも照し、尙永らくの体驗を經て工夫せる回生の確信を得たる祕法とも云ふべきものであつて、息法の合理的調節より、心神の修養法が基礎となつて居る点が、特に他法に優越せるところである。

順次左に獨特の方法を述べて見やう。

イ、靜　座

座法に色々あるが、要は体によつて氣容を調えるといふ事にあるのであるから特に六ケ敷い体勢をとる必要はない。唯だ身体の姿勢を正しくして正座するか、椅座すれば宜敷い。靜座する事が出來たならば次に息法に入るのである。

ロ、息　法

正座して氣容共に調った時、先づ最初口より腹中の悪息を強く長く、吐き出す吐き終つて、腹部の縮少した時、其のまゝ今度は、鼻より靜かに空氣を、胸にのみ吸ひ入れるのである。此の吸ひ込む時は下腹は縮少したまゝである。其の充分吸ひ終つた時、即ち肺部に空氣の充滿したとき、吸入した空氣を其のまゝ下腹をゆるめて行きながら、漸次下腹に送り込む。其の送り込む時は一寸、前にかゞむ樣になる。

送り終つて後、其の吸ひ込んだ處の空氣の二分位程鼻より出だし、出すと同時に今度は、下腹にうんと力を込めるのである。

此の込めるときには胃部、即ち水落の處に力の入らぬ樣心掛けねばならぬ。うんと云つても程度で、全力の八分位にして置けば宜敷い。

總て無利をしてはならないので、八分程力の入つたと思ふ頃、靜かに鼻より、息を長く細く出して行き、同時に腹は縮少して、空氣は全部出て了ふ。出し終つて次に。腹部を平常の樣になすのである。

之れ迄が一呼吸となるのであつて、此の時間は凡そ、初心者は二三十秒より一分位迄である。

順次馴れるに随つて二分にも三分にもなる。之れを何回も繰り返し行ふ時は非常なる効を見るものである。

然して初心者は、最初は、朝晝晩と、就寢前とに、各二十回より五十回迄行ひ、漸次回數を加へて百回にも及び、遂には平常にても行ふ樣に心掛けねばならぬ。其の行ふ時は必ず、食前か、食後一時間を經たる後でなければ、決して行ふてはならぬ。

八、無　我

以上の方法によつて呼吸の際眼は常に前方に注ぎ、視るのでもなく視ないのでもないと云ふ樣にして、心は小兒の如く思ふでもなく、思はぬでもないと云ふ境にある。

然る時は、漸次呼吸法の進むに隨つて、心の有無を知らず、心付いた時には、依然として、呼息吸息の行はれて居るが、思ひ出される位になるので、ある、是を無我の境と云ひ、死境に非ずして、活境にあるのである。

元來健康は、清淨な血液が萬遍なく身体中を循環して、停滯することがなかつたなら、何時も健康であらねばならないのである。

若し血液の循環が悪く、全身を完全に環ることが出來ず、一ヶ所又は數ヶ所に血液の滯ることがあるときは、健康体といふことは出來ず。又健康も得られないのである。

元來人間には、人々によつて少々の差はあるが、身体中には血量が凡そ二升五合より、三升位迄あるもので、此の全部の血液が清淨であり、身体各部に停滯する事がなかつたならば、申分はないのであるが、普通の人のはそうは行かないものである。殆んど多くの者は、全血量の五割、乃至七割位は、腹部其他に停滯して居るものである。中でも腹部は特に血液の量が多く滯るものであるから、此の滯るところの血量を。或る方法、即ち呼吸法に依つて、無害に身体各部に循環する様にし、又清浄なる血液を養つて居たなら、完全に身体の强健は圖られるものである。

以上述べ來たつた事は、普通健康者に對する方法と、健康に近い者の場合を述べたのであるが、病者も良く此の理を解して出來得る限り、各自の身体に相應する様工夫して、息法を行つたなら、追々に種々の疾病は、平癒に向ふものである

第三章 息法の効用

呼吸の目的は血液の循環を良くするのと、惡血を新鮮なる血液に轉化せしめるとにある。

如何に純潔な血液が出來、如何に榮養分を澤山に含まれて居る血液を製造する事が出來た處で、其の血液が身体全部を循環することなく、或る一箇所又は、數箇所に滞るやうでは、健全なる身体を得ることは出來なく、すべての病の起る原

因となるのである。

普通の人間には全血量が、二升五合より三升位あるが、常には其の二升五合より三升位の中で、二升か、一升七八合位しか、体内を循環しないので、他はみな各所に滯るものである。そこで血色が惡かつたり、手足が冷えたり、疲れやすく肩凝る等の諸病を惹き起すのである。さらば、其の血液は何處に一番多く滯るかと言ふに。全く腹中に大部分は滯つて居るのである。腹には丁度護謨の如き伸縮自在の筋肉の壁があつて、此處には物が澤山入る。食物も入れば、湯水もはいり大便も小便も溜つて居る。扨て此の腹の中には健康体でも全身の血量の殆んご半ばは溜つて居る程故、若し腹にしまりがなくなつた時には、全身の血量の三分の二も滯ることになるのである。かくなる時は血液の循流惡しき爲め、貧血する部分と、充血する部分とが出來、胃や腸の働きが惡くなり、それが原因となつて、身体に變化を來たし、醱酵は起り瓦斯は溜つて、遂に胃擴張を起し、慢性胃加答兒となり、便秘したり、下痢を起したりする樣になるものである。又惡性の瓦斯や消化不良によつて、出來た有毒の物が腸中に吸收せられてゆくと、腦神經を刺戟して、各種の腦病や神經衰弱を起すことゝある。

或る場合には此の血液の滯りと消化不良とが原因となりて、腎臟とか腹膜とか肺とか、肋膜とか、其の他多くの疾病を起すこともあるのである。

そこで此の腹部の血を逐出す必要が生じて來る。

其の方法としては先づ息法により腹に力を入れて腹を固くするに限る、腹を固くすると內部の壓力が高まる故、溜つて居る血は心臟に返り、それから四方に押し出されて全身を廻る樣になるのである。

然らば其の腹へ力を入れ腹を固くする息法とは。どういふことをするかといふに。息法の處で述べた樣に橫膈膜の運動によつて內臟の操練を行ふのである。

橫膈膜とは腹と胸との中間にある膜で、丁度傘の樣になつて居る。これを息法によつて上下運動を起す時は、横膈膜の上る時は腹が縮少して胸が大きくなり、横膈膜の下る時は胸が小さくつて腹が大きくなり、壓力が加はつて來る。

現今各地に於て、何々術とか何々法とか云つて、病者を治療し、健康の法を宣傳するものは、其の根本を皆内臓運動と、精神の集中とを基礎とせないものはない。基礎を充分にし、自己の心力を以て自己の体内より發する電氣様のもの『或るものは電子とか、靈子とか色々に名稱を附けて居るも、實質に於ては同性質のものを』病者の体内に注入し、强力の意志によつて治療するもので、氣合術も此の理を應用したもので、根本は内臓運動を基ひとする呼吸法に出たものである。

第四章　心識の修養法

此の心識の修養法は記憶の上に於て最も重大なる關係を有するもので、如何に健全な体力を與へ、如何に内臓の運動が完全に行はれて居ても、若し此の心識の働きが亂れて居たり、清明を缺く樣であつた時は、到底記憶は充分行はれないのである。なんとなれば亂れたる心や清明を缺く意識である場合は、丁度鏡に物を映す時に、鏡面に凹凸が澤山あると同じ樣に、物はハツキリ映ることは出來ない。鏡面が曇つて居たならば同じく映すことの出來ないと同樣に、事物を深く腦底に印象することが出來なく、記憶と云ふことは不可能となるのである。

然らば心識の修養は如何なる方法によつたなら、最も合理的に、其の極致に及ぶことが出來るかと云ふに、之れは身体の强健法と並行して修めなくてはならぬのである。一方身体の强健法を修しつゝ、心の修養を行つて行つたなら、兩者共に完全に行はれることが出來るのである。其の方法としては、重復を避ける爲め今此處には述べぬ。本編仙家修養法、内觀法に詳細述べることにする。

第五章 佛家の身心修養法

古來佛法を研究し專ら心身の修養をなしたるもののうち、勝れたるもの二三を擧げて參考とする。

一、承陽大師の『普觀座禪儀』

原夫道本圓通。爭假修證。宗乘自在。何費功夫。況乎。全體迥出塵埃兮。孰信拂拭手段。太都不離當處兮。豈用修行之脚頭者乎。然而。毫釐有差。天地懸隔。違順纔起。紛然失心。直饒誇會豐悟兮。獲瞥地之智通。得道明心兮。擧衝天之志氣。雖逍遥於入頭之邊量。幾闕虧於出身活路。矧彼祇園之爲生知兮。端座六年聖跡可見。少林之傳心印兮。面壁九歳之聲名尙聞。古聖既然今人盍辨。所以須休尋言逐語之解行。須學回光返照之退步。身心自然脫落。本來面目現前。欲得恁麼事急務恁麼事。夫參禪者。靜室宜焉。飮食節矣。放捨諸緣。休息萬事。不思善惡。莫管是非。停心意識運轉。止念想觀測量。莫圖作佛。豈拘座臥乎。尋常座處。厚敷座物。上用蒲團。或結跏趺座。或半跏趺座。謂結跏趺座。

先以右足安左䏶上左足安右䏶上。半跏趺座。但以左足壓右足矣。寬繫衣帶。可令齊整。次右手安左足上。左掌安右掌上。兩大拇指面相柱矣。及正身端座。不得左側右傾前躬後仰。要令耳與肩對。舌掛上顎。脣齒相着。目須常開。鼻息微通。身相既調。缺氣一息。左右搖振。兀兀座定。思慮箇不思量底。不思慮底如何思慮。非思慮。此乃座禪之要術也。所謂座禪非習禪也。唯是安樂之法門也。究盡菩提之修證也。公案現成。羅籠未到若得此意。如龍得水。似虎靠山。當知。正法自現前。昏散先撲落。若從座起。徐徐動身。安祥而起。不應卒暴。嘗觀超凡越聖座脫立亡。一任此力矣。況復拈指竿針鎚之轉機。擧拂拳棒喝之證契。未是思慮分別之所能解也。豈爲神通修證之所能知也。可爲聲色之外威儀。見之那非知見前規則者乎。然則不論上智下愚。莫簡利人鈍者。專一功夫正是辨道。修證自不染汚。趣向更是平常者也。

凡夫。自界他方。西天東地。等持佛印。一擅宗風。唯務打座。被礙兀地。雖謂萬物千差。祇管參禪辨道。何抛却自家之座牀。漫去來他國之塵境。若誤一步。當面蹉過。既得人身之機要。莫虚度光陰。保任佛道要機。誰漫樂石火。加以。形質如草露。運命似電光。倏忽便空。須臾即失。冀夫參學高流。久習摸象。勿怪眞龍精進直指單的之道。尊貴絶學無爲之人。合沓佛佛之菩提。嫡嗣祖祖之三昧。久爲恁麼。須是恁麼。寶藏自開。受用如意。

読　方、

原ぬるに夫れ、道本圓通、爭でか修證を假らん。宗乘自在。何ぞ功夫を費さん況んや金體遙かに塵埃を出づ。孰か拂拭の手段を信ぜん。太都そ當處を離れず、豈に修行の脚頭を用ゐんや。然れども毫厘も差有れば、天地懸かに隔たり。違順纔かに起れば、紛然として心を失す、直饒會に悟る豊かにして、瞥地の智通を獲、道の得心を明かにして、衝天の志氣を擧し、入頭の邊量に逍遙すと雖も。幾んど出身の活路を虧闕す。矧んや彼の祇園の生地たる端座六年の聖跡を見つ可く少林の心印を傳ふる。面壁九歳の聲名尙ほ聞ゆ古聖既に然り、今人盍ぞ辨せざる所以に須らく言を尋ね語を逐ふの解行を休すべし、須らく回光返照の退歩を學ぶべし。身心自然に脫落して、本來の面目現前せん、恁麽の事を得んと欲せば急に恁麽の事を務めよ。

夫參禪は、靜室宜しく。飮食節あり、諸緣を放捨し、萬事を休息して、善惡を思はず。是非を管すること莫れ。心識の運轉を停め、念想觀の測量を止めて、作佛を圖ること莫れ豈に座臥に拘らんや、尋常座處には、厚く座物を敷き、上に蒲團を用ゆ、或は結伽趺座、或は半伽趺座、謂ゆる結伽趺座は、先づ右の足を以て左の腱の上に安じ、左の足を右の腱の上に安ず、半伽趺座は、但だ左の足を以て右の足を壓すのみ、寬く衣帶を繫け、齊整ならしむ可し、次に右の手を左の足の上に安じ、左の掌を右の掌の上に安ず、兩の大拇指面にて相拄ふ、乃ち正身端座左に側ち右に傾き、前に躬り後に仰ぐことなかれ、耳と肩と對し、鼻と臍とを對せしむることを要す。舌を上の顎に掛け、唇歯相着け、目は須らく常に開くべし鼻息微かに通じ。身相既に調ひて、缺氣一息、左右搖振して、兀々として定座す個の不思慮底を思慮せよ、不思慮底如何か思慮せん、非思慮、此れ乃ち座禪の要術也。所謂座禪は習禪に非ず。唯だ是れ安樂の法門也、菩提を究盡するの修證也公案現成、羅籠未だ到ることなし、若し此の意を得ば、龍の水を得るが如く、虎の山に靠るに似たり、當に知るべし、正法自ら現前し、昏散先づ撲落することを若し座より起たば、徐々として身を動し、安祥として起つべし卒暴なるべからず嘗て觀る超凡越聖座脫立亡も、一に此の力に任す。況んや復た指竿針鎚を拈するの轉機をや、拂拳捧喝を擧するの證契も未だ是れ思慮分別の能く解する所にあらず、豈に神通修證の能く知る所ならんや、聲色の外に威儀たる可し。那ぞ知見の前の規則に非ざる者ならんや、然れば則ち上智下愚を論ぜず、利人鈍者を簡する事莫れ、專一に功夫せば正に是れ辨道也。修證自ら染汚せず、趣向更に是れ平常あるもの也、凡そ夫れ、自界他方、西天東地、等しく佛印を持じ、一ら宗風を擅にするも、唯だ打坐を務めて、兀地に礙らる、萬別千差と謂ふと雖も、祇管に參禪辨道すべし。既に人身の機要を得たり、空しく光陰を渡ること莫れ佛道の要機を保任す、誰か浸りに石火を樂まん、加之、形實は草露の如く、運命は電光に似たり倏忽として便ち空しく、須臾にして郎ち失す。冀くは夫れ參學の高流、久しく模象に習ひて眞龍を怪しむこと勿れ、直指單的の道に精進し、絶學無爲の人を尊貴し。佛々の菩提に合沓し、祖祖の三昧を嫡嗣せよ久しく恁麼あることを爲さば、須らく是れ恁麼なるべし寶藏自から開けて、受用如意ならん。

これによつて見ると大師が禪機から入つて呼吸の妙味に參じ、天道自然の理法を悟つた人であることが解る、特に『個の不思量底を思慮せよ、不思量底如何か思慮せん、非思慮、此れ乃ち座禪の要術也』。と喝破せる点は、座禪の要点として眞に、うあづかしむるところである。尚此外坐禪用心記もあるが略す。

二、白隱禪師の『夜船閑話』

山野初め參學の日、誓つて勇猛の信心を憤發し、不退の道情を起激し、精練刻苦する者、既に両三霜乍ち一夜忽然として落節す。從前多少の疑惑、根に和して氷融し、曠劫生死の業根、底に徹して漚滅す。自ら謂へらく、道人を去る事まことに遠らず、古人三十二年是れ何の揑怪ぞと、怡悦蹈舞を忘るるもの數月、向後日用を回顧するに、動靜の二境全く調和せず、去就の両邊總に脫洒ならず。自ら謂へらく猛く精彩を著け重ねて一回捨命し去らむと。こゝに於て牙關を咬定し雙眼睛を瞪開し、寢食共に廢せむとす。既にして未だ期月に亘らざるに、心火逆上肺金焦枯して、雙脚氷雪の底に浸すが如く、両耳溪聲の間を行く如し。肝膽常に怯弱にして、擧措恐怖多く、心神困倦し、寢寤種々の境界を見る。両腋常に汗を生じ、両眼常に涙を帶ぶ。此に於て遍く明師に投じ、廣く名醫を探ると雖も百藥寸效なし。或人曰く、城の白河の山裏に巖居せるものあり。世人之を名づけて、白幽先生と云ふ。靈壽三四甲子を閱みし、人居三四里程を隔つ、人を見る事を好まず。行くときは必ず走つて避く。人其の賢愚を辨ずることなし。里人專ら稱して仙人とす。聞く故の丈山氏の師範にして、精しく天文に通じ、深く醫道に達す人あり禮を盡して咨叩する時は稀に微言を吐く。退て之を考ふるに大に人に利ありと。此に於て寶永第七庚寅孟正中澣、密に行纏を著け、濃東を發し黑谷を超え直に白河の邑に到り、包を茶店に下して幽が巖栖の處を尋ぬ。里人遙に一枝の溪水を指す。即ち彼の水聲に隨つて遙に山徑に入る、正に行く事里許に乍ち流水を蹈斷す。樵徑も亦なし、時に一老夫あり。遙に雲烟の間を指す。

黃白にして方寸餘なる者あり。山氣に從ふて或は現はれ、或は隱るゝ是れ幽が洞口に垂下する所の蘆簾なりと。予即ち裳を褰げて出る。

巉巖を踏み蒙茸を披けば氷雪草鞋を咬み、雲露衲衣を壓す。辛汗を滴し、苦膏を流して、漸く彼の蘆簾の處に到れば風致淸絕、實に物表に丁々たる事を覺ゆ、心魂震ひ恐れ、肌膚戰慄す。且らく巖に倚て嘆息するもの數百、小焉あつて衣ひ襟を正して、畏づ〳〵鞠躬して簾子の中を望めば、朦朧として幽が目を收めて端坐するを見る。蒼髮垂れて膝に至り朱顏麗ふして棗の如し。大布の袍を掛け輭草の席に坐せり。窩中纔に方五六笏にして全く資生の具なし。机上只だ中庸と老子と金剛般若とを置く。予即ち禮を盡くして、苦ろに病因を告げ且つ救ひを請ふ。少焉幽眼を開いて熟々視て徐々として告げて曰く。我は是れ山中半死の陳人、櫨栗を拾ふて食ひ麋鹿に伴つて睡る。此の外更に何をか知らむや。自ら愧づ遠く上人の來訪を勞することを。予即ち轉た咨叩して休まず。時に幽恬如として予が手を捉へて精して五肉を窺ひ、九候を察す。爪甲長きこと半寸慘乎として額を攢めてつげて曰く。已哉觀理度に過ぎ。進修節を失して終にこの重症を發す。寔に醫治し難きものは公の禪病なり。若し鍼灸藥の三つの物を恃んで而して後に之を救はむと欲せば、扁倉力をつくし華陀額を攢むるも、奇效を見ることを能はじ。只今既に觀理の爲めに破らる。勤めて內觀の效を積まずんば、終に起つ事能はじ。是れ彼の起倒は必ず地に依るの謂なり。予曰く、願はくは內觀の要祕を聞かむ學びがてらに之れを修せむ。幽肅々如として容をあらため從容として告げて曰く嗚呼公の如きは問ふ事を好むの士なり、我が昔聞ける處を以て微しく公に告げんか、是れ養生の祕訣にして、人の知る事稀なり、怠らずんば必ず奇效を見む。久視も亦期しつべし、夫れ大道分れて兩儀あり、陰陽交和して人物生類、先天の元氣中間に默運して、五臟列り經脈行はる。

衞氣營血し、互に昇降循環するもの、晝夜に大凡五十度、肺金は牝藏にして膈上に浮び、肝木は牡藏にして膈下に沈む。心火は太陽にして上部に位し、腎水は太陰にして下部を占む。

五藏に七神あり、脾腎各々二神を藏くす。

呼は心肺より出で吸は腎肝に入る。

一呼に脈の行く事三寸・一吸に脈の行く事三寸晝夜に一萬三千五百の氣息あり。脈一身を巡行する事五十次、火は經浮にして常に騰昇を好み、水は沈重にして常に下流を務む。若し人察せず觀照或は節を失し志念或は度に過る時は心火熾衝して肺金焦薄す。金母苦しむ時は水子衰滅す。母子互に疲傷して各々五位困倦し六腑凌奪す、四大增損して各々百一の病を生ず。

百藥功を立つる事能はず。衆醫總に手を束ねて心を下に專らにし、暗君庸主は、常に心を上に恣にす上に恣にするときは、九卿權に誇り、百僚寵を恃んで嘗つて民間の窮困を顧る事なし、野に菜色多く、餓莩多し。賢良潜み竄れ、民臣瞋り恨む。諸侯離れ叛き、衆夷競ひ起つて、遂に民庶を塗炭にし、國脈永く斷絶するに至る。心を下に專らにするときは、九卿儉を守り百僚約を勤めて常に民間の勞役を忘るる事なし。農に餘まんの粟あり、婦に餘まんの布ありて群賢來り屬し、諸侯恐れ服して、民肥え國强く、令に違するの衆民なく、境を侵すの敵國なし。國刁斗の聲を聞く事なく、民戈戟の名を知らず。人身もまた然り。

至人は常に心氣をして下に充たしむ。心氣下に充つるときは七凶内に動く事なく、四邪また外より窺ふ事能はず。營衛充ち心神健かなり。口終に藥餌の甘酸を知らず。身終に鍼灸の痛痒を受けず。庸流は常に心氣をして上に恣にす。上に恣にするときは、三寸火、四寸の金を剋して、五官縮り疲れ、六親苦しみ恨む。是の故に漆園曰く、眞人の息は、是を息するに踵を以てし、衆人の息は是れを息するに喉を以てす。許俊が曰く、蓋し氣下焦にあるときは、其の息遠く氣上焦にあるときは、其息促まる。上陽子が曰く、人に眞の氣あり、丹田の中に降下するときは、一陽また復す。若し人始紹復の候を知らんと欲せば、暖氣を以て是れが信とすべし。太凡生を養ふの道上部は常に清涼ならむ事を要し、下部は常に温暖ならむ事を要せよ。夫れ經脈の十二は、支の十二に配し、月の十二に應じ、時の十二に合す。六爻變化再周して、一再を全ふするが如し。五陰上に居し一陽下を占む。是を地雷復と云ふ。冬至の候なり。眞人の息は、是れを息するに踵を以てするの謂か。三陽下に位し、三陰上に居す。是れを地天泰と云ふ。孟正の候なり。萬物發生の氣を含んで、百卉春化の澤を受く。至人元氣をして下に充たしむるの象、人是れを得るときは營衛充實し、氣力勇壯なり。五陰下に居し、一陽上に止まる、是れを山地剝と云ふ。九月の候なり。天是れを得るときは、林苑色を失し百卉荒落す。是れ衆人の息する喉を以てするの象。人是れを得るときは、形容枯槁し、齒牙搖落す。所以に延壽書に曰く、六陽共に盡く、即ち是れ全陰の人死し易し、須らく知るべし。元氣をして常に下に充たしむ。是れ生を養ふ樞要なる事を。昔呉契、初石臺先生に見ゆ、齋戒して錬丹の術を問ふ。先生の曰く。我れに元玄眞丹の神祕あり。上々の器にあらざるよりんば、得て傳ふべからず。古へ黃成子、是れを以て黃帝に傳ふ。帝三七齋戒して是れを受く。夫れ大道の外に眞丹なく、眞丹の外に大道なし。

蓋し五無漏の法あり、爾の六慾を去り、五官各々其の職を忘るるときは混然たる本原の眞氣彷彿として目前に充つ、是れ彼の大白道人の謂ゆる我が天を以て事ふる處の天に合せるものなり。孟軻子の謂ゆる浩然の氣是れをひきゐて、臍輪氣海丹田の間に藏めて、才月を重ねて是れを守一にして去り、是れを養ふて無適にし去つて、一朝乍ち丹竈を掀飜するときは、內外中間八紘四維、總に是れ一枚の大還丹、此の時に當つて初めて自己即ち是れ天地に先つて生ぜず、虛空に後れて死せざる底の眞個長生久視の大神仙なる事を覺得せむ。是を眞正丹竈功成る底の時節とす。豈に風に御し霞に跨り、地を縮め水を踏む等の瑣末なる幼事を以て懷とするものならんや。大洋を攪いて酥酪とし、厚土を變じて黃金とす。前賢曰く、丹は丹田なり。液は肺液なり。肺液を以て丹田に還へす。是の故に金液還丹と云ふ。

予が曰く、謹んで命を聞いつ、且く禪觀を抛下し努め力めて治するを以て期とせん。恐るゝ處は、李士才が謂ゆる清降に偏なるものにあらずや。心を一處に制せば、氣血或は滯碍する事なからんか。幽微々として笑つて曰く、然らず李士曰はずや。火の性は炎上なり、宜しく之を下らしむべし。水の性は下れるに就く宜しく之をして上らしむべし。水上り火下る。之を名づけて交と云ふ。交るときは既濟とす。交らざる時は未濟とす。交は生の象、不交は死の象なり。李家が謂ゆる清降に偏なりとは、丹溪を學ぶ者の弊を救はんとなり。

古人曰く、相火上り易きは、心中の苦しむ處、水を補ふは火を制する所以なり蓋し火に君相の二義あり。君火は上に居して、靜を主り、相火は下に處して、動をつかさどる。君火は之れ一身の主なり。相火は寄補たり。蓋し相火に両般あり曰ゆる腎と肝となり。肝は雷に比し、腎は龍に比す。是の故に云ふ龍をして海底に歸せしめば、必ず迅發の雷なけん。但し雷をして澤中に藏れしめば必ず飛騰の龍なけん。海か澤か水に非ずと云ふ事なし。是れ相火上り易きを制するの語にあらずや。又曰く、心勞煩するときは、虚して心熱す。心虚するときは是れを補するに心を下し以て腎に交ふ。是れを補と云ふ。既濟の道なり。公先きに心火逆上して、此の重痾を發す。若し心を降下せすんば、縦へ三界の祕密を行し盡したりとも、起つ事得じ。且つ又我が形模道家者流に類するを以て、大に釋に異なるものとするか、是れ禪なり。他日打發せば大に笑ひつべきの事あらむ。夫れ觀は無觀を以て正觀とす。多觀のものは邪觀とす。向きに公多觀を以て此の重症を見る今之れを救ふに無觀を以てす。また可ならずや。公若し心炎意火を收めて、丹田及足心の間に於かば胸膈自然に清涼にして、一点の計較思想なく、一滴の識浪情波なけん。是れ眞觀清淨觀なり。

云ふ事なかれ、暫らく禪觀を放下せんと。

佛の言く、心を足心に收めて能く百一の病を癒すと。阿含に酥を用ゆるの法あり、心の勞疲を救ふ事最も妙なり。天台の摩訶止觀に病因を論ずる事甚盡せり。治法を說くことも甚精密なり。十二種の息あり。よく衆病を治す。

臍輪を緣して豆子を見るの法もあり。其の大意心火を降下して丹田及び足心に收むるを以て至要とす。但だ病を治するのみにあらず、大に禪觀を助く。蓋し繫緣諦眞の二止あり。諦眞は實相の圓觀、繫緣は心氣を臍輪氣海丹田の間に收め守るを以て第一とす。行者之れを用ゆるに大に利あり。古、永平の開祖師、大宋に入て、如淨を天童に拜す。師、一日、密室に入つて益を請ふ。淨曰く、元子、坐禪の時、心を左の掌の上に置くべしと。是れ卽ち顗師の謂ゆる繫緣止の大略なり顗師初め繫緣內觀の祕訣を敎えて、其の家兄鎭愼が重痾を、萬死の中に助け救ひ玉ふことは、精しくは小止觀の中に說けり。又白雲和尙曰く、

我れ常に心をして腔子の中に充たしむ。徒を匡し衆を領し、賓を接し機に應じ及び小參普說七縱八橫の間に於て、之を用ひてつくることなし。老來殊に利益多

きことを覺ゆと。寔に貴ぶべし。是れ蓋し、素問に見ゆる恬憺虚無なれば、眞氣之に從ふ。精神內に守らば病何れより來らんと云ふ語に基づき玉ふものならんか且つ夫れ內に守るの要、元氣をして一身の中に充塞せしめ、三百六十の骨接、八萬四千の毛竅　一毫髮ばかりも欠缺の處なからしめんことを要す。之れ生を養ふ至要なる事と知るべし。彭祖が曰く和神導氣の法當に深く密室を鎖ざし、牀を安んじ席を暖め、枕の高さ二寸半、正身偃臥し瞑目して心氣を胸膈の間に閉し、鴻毛を以て鼻上に附けて動かさざる事三百息を經て、耳聞く處なく、目見る處なく斯くの如くなるときは、寒暑も浸すこと能はず、蜂蠆も毒すること能はず、壽三百六十歲、是れ眞人に近しと。又蘇內翰が曰く、

已に飢ゑて方に食し、未だ飽かずして先づ休む。散步逍遙して、力めて腹を空しからしめ、腹の空なる時に當つて、卽ち靜室に入り、端坐默然して出入の息を數へよ。一息より數へて十に至り、十より數へて百に至り百より數へ放ち去り千

に至りて、此の身兀然として、此の心寂然たること虚空に等し。斯くの如くなることく久ふして、一息自ら止むる。出でず入らざる時、此の息八萬四千の毛竅の中より雲蒸し霧起るが如く、無始劫來の諸病自ら除き、諸症自然に除滅する事を明悟せん。譬へば盲人の忽然として目を開くが如けん、此の時人に尋ねて路頭を指す事を用ひず、只だ要す尋常言語を省略して、儞の元氣の長養せん事を、是の故に云ふ、目力を養ふものは常に瞑し、耳根を養ふものは常に飽き、心氣を養ふものは常に默すと。予が云く酥を用ふるの法、得て聞いつべしや。幽が曰く、行者定中四大調和せず、心身共に勞疲することを覺せば、心を起して應さに其の想をなすべし。

　譬へば色香清淨輭蘇鴨卵の大さの如くなるもの、頂上に頓在せんに、其の氣味微妙にして、遍く頭顱の間を濕ほし、浸々として潤下し來つて、兩肩及び雙臂、兩乳胸膈の間、肺肝腸胃、脊梁臀骨次第に沾注し將ち去る。此の時に當つて、胸中の五積六聚、疝癖塊痛、心に随つて降下すること、水の下に就くが如く、歴々として聲あり。遍身を周流し。雙脚を溫潤し、足心に至つて止む。行者再び應さに此の觀を成すべし。彼の浸々として潤下するところの餘流積もり湛へて、暖め蘸すこと恰も世の良醫の種々妙香の藥物を集め、是れを煎湯して浴盤の中に盛り湛へて我が臍輪已下に漬け蘸すが如し。此の觀をなすときは唯心所現のゆゑに、鼻根乍ち希有の香氣を聞き。心根俄かに妙香の輭觸を受く。身心調適あること、二三十歲の時には遙に勝れり。此の時に當つて積聚を消融し、腸胃を調和し、覺ねず肌膚光澤を生ず。若し夫れ勤めて怠たらずんば、何れの病か治せざらん、何れの德か積まざらん、何れの仙か成せざる。何れの道か成せざる。其の効驗の遲速に行人の進修の精麤に依るらくのみ。走始め卯歲の時、多病にして公の患に十倍しき、衆醫總に顧ざるに至る。百端を窮むと云へども、救ふべきの術なし。此に於て上下の神祇に祈りて天仙の冥助を請ひ願ふ。何の幸ぞや、計らずも此の輭酥の妙術を傳授することを。歡喜に堪へず、綿々として精修す。未だ期月ならざるに、衆病大半銷除す。爾來身心輕安なることを覺ゆるのみ。癡々兀々月の大小を記せず、年の潤餘を知らず、世念次第に輕微にして、人欲の舊習も何つしか忘れたるが如し。馬年今歲何十歲なることもまた知らず。中頃端由ありて若丹の山中に遭逢するもの、大凡三十歲世人凡て知ることなし。其の中間を顧るに恰も黄粱半熟の一夢の如し。今の此の山中無人の所に向て、此の枯槁の一具骨を放つて太布の單衣僅に二三片を掛け、嚴冬の寒威綿を折くの夜といへども枯腸を凍損するに至らず、山粒旣に斷えて穀氣を受けざること、動もすれば數月に及ぶといへども、終に凍餒の覺もなき事は、皆此の觀の力ならずや。我今旣に公に告ぐるに一生用ひ盡さざる底の祕訣を以てす。此の外更らに何をか曰はんやと云つて目を收めて默座す。予も亦淚を含んで禮辭す。徐々として洞口を下れば木末僅かに殘陽を掛く。時に屐聲の丁々として山谷に答ふるあり、且つ驚き且つ怪しんで、畏づ畏づ回顧すれば、遙に幽が巖窟を離れて自ら送り來るを見る。

即ち曰く、人迹不到の山路、西東分ち難し、恐らく歸客を惱さん、老夫しばらく歸程を導かんと云つて、大駒屐を着け、瘦鳩杖を曳き、巉巖を蹈み嶮岨を涉る事、瓢々として坦途を行くが如く、談笑して先驅す。山路遙に里許を下りて、彼の溪水の所に到つて、卽ち曰く、

此の流水に隨ひ下らば必ず白川の邑に到らむと云つて慘然として別る。且らく柴立して幽が回歩を目送するに、其の老歩の勇壯なること瓢然として世を遁れて羽化して登仙する人の如し。且つ羨み且つ敬す。自ら恨む、世を終るまで此等の人に隨逐する能はざる事を。徐々として歸り來つて、時に彼の內觀を潛習するに僅かに三年に充たざるに、從前の衆病藥餌を用ひず鍼灸を借らず、任運に除遣す獨り病を治するのみならず。從前手脚を挾む事を得ず、齒牙を下すこと得ざる底の難信、難透、難解、難入底の一着子、根に透り底に徹して、透得過して大歡喜

を得るもの〻大凡六七回。其の餘の小悟怡悅、蹈舞を忘るに我を欺かざる事を。古、二三綗の襪を着くといへども足心常に氷雪の底に浸すが如くなるも、今既に三冬嚴寒の日といへども、襪せず爐せず、馬齒既に古稀を超えたりといへども。指すべき半點の少病なきことは彼の神術の餘勳ならんか。云ふことなかれ鵠林半死の殘喘、多少無義荒唐の妄談を記取して、以て陀の上流を誑惑すと。是れつとに靈骨あつて、一槌に既に成ずる底の俊流の爲めに設くるにあらず、予が如く勞病予に類する底、看讀して仔細に觀察せば、必ず少しく補ふならむか。只だ恐る別人の手を拍して大笑せん事を。何が故ぞ。馬枯箕を咬んで午枕に喧し。

第六章　仙家の身心修養法

これを讀めば深甚なる妙味横溢するの感あらしむ。讀者得る處あらば幸甚なり仙家の修養法は、古來より幾多の書籍によつて說かれてあるが、要するに仙家は形といふ点に非常に力を入れた樣に思はれる、其他道德を尊んで之れを修めた事も見逃してはならない事である。此處に、形の方面より胎息の法を、道德の方面より諸般の事柄を述べる事とする。

一體人間は呼吸と營養との關係に無知であつて、眞の自然呼吸の理法を知らず又考へやうともせず、中には一二呼吸の方法、其他について考究するものもあつたが、眞の理法を知るものは殆んどないと云つてもよいのである。本來呼吸作用は生理的に、淨血にありとせられて居るが、夫れ以外に人体に益するところは、未だ〳〵之れのみにとゞまらないのである。仙家の所謂霞を吸ひ、露を餐じて難業苦業し、以つて心身の修練したものが、即ち其の調身工夫の半面を語るものである。

火食を斷ち、其他何等之と云ふべき食もとらず、息法により霞を吸ひ、露を餐じて、身体益々壮健に、所謂童顔鶴髪となり、長生不死の境涯に至ると云ふものは、息法に負ふところ多大とせなくてはならぬ。或る書に曰く『人体の榮養を攝取したる時は、食變じて血となり、血變じて精となり、精變じて氣となり、氣變じて神となる。神卽ち人間天賦の神なり』と實に然るかと思はれるのである。斯くあつてこそ吸氣の眞理が明らかにせらるゝので、單なる呼吸の淨血作用のみに止まらない理由が思考せらるゝのである。此の点胎息の法は仙家の最も重要視されたるものと思はれるのであるから左に其の大略を記すことにする。

一、吞吐法

胎息の法に入る順備として、先づ吞吐法を修めなくてはならぬ。尤も此吞吐法の極致が胎息の法となるのであるから、斯の法を充分練つて置かなければならないのである。

吞吐法を修するに際して、特に注意して置かなければならないのは、食後直ち

に行つては身体に害あること、充分に理解のないものには修してはならないとい
ふ事である。

偖て其の修法の順序として、正座冥目する。

正座冥目の法式は、内観法に於ける如くである。順備が整つたならば愈々息法
に入るのである。最初正座したまゝ、ハーと口より息を強く吐き出し、吐き終つ
て後、今度は口よりスーと咽喉を通して胃に満たし、最後に一息グッと呑み込み
臍下丹田にウンと力をこめ、八九分力の這入つた時鼻より靜かに長く吐き出すの
である。是れが一呼吸であつて又前の樣に幾回も幾回も繰返すのである。斯の最
初フーと口より吐き出し、今度口より吸ひこみ、胃に送ると云ふことは、空氣が
皆胃に満つるといふのではなく、其の樣な氣持となり、最後に一口グッと呑みこ
むのが大切なところとなるのである。次に下腹に氣力充満さす点にも大いに注意
と努力とをせなくてはならぬ。

斯くする時は空氣中にある、榮養物は体内に吸收せられて、淨血作用と共に、人体に非常に益するところとなるのである。

要するに形式に於ては、數息觀の時と同樣で、呼吸の方法が相違とあるわけで數息觀は鼻より吸ひ鼻より出すと云ふのであるが、呑吐法は口より吸ひ鼻より出すと云ふ点が相違とあるのである。

斯法を修するには、食前と就寢前の四回、空氣の最も良い處で修すべきものである。

二、胎 息 法

斯樣にして每日每日、懈怠することなく、修して居るうちに、次第次第に口より吸ひ込む空氣は、上部より下部に及ぶ樣な心持とあり、遂に呑み込む空氣は、鼻より出されづ身體全部より、即ち八萬四千の毛穴より出で行く樣にあつて來る故に吸息はあつても、呼息はないといふ狀態となつて、空氣中の榮養素は全部体内に吸收せらるゝ樣になり、胎息の本義なる吸ふ氣化して血となり、血化して精となり、精化して氣となり、神となると云ふ、不可思量の境は此處に現れるのである。

之を名ずけて胎息法と云ふ。

總て身心の修養は養生の方法にあつて、身心健全を得て然る後德行の圓らかならんことに努むべきである。故に結局其の至極せる妙法に立ち入らんには、どうしても仙家の修法に近よつて來て、仙人とか道人なるものゝ行法を調べねばならなくなつて來る。

仙道には其の修法と修法の差によつて種々の階級がある、其の下等なるものは專ら無病長壽に努むるもので、何等の神秘もなく、俗に云ふ人間界の養生法、攝心法卽ち空氣とか食物とか、起居、動作、住所等の、事に注意して天壽を全ふするものである。又此の法を保てば、百歲や百五十歲にも達する事が出來るとして居る。仙の道では百八十歳迄は、養生を強くする時は達することが出來得るとして居るのであるが、然し之れは普通の方法であつて、未だ心靈上の修養や神秘の方法は少しもないのである。此の上が中等の仙とあつて來るので、此の階級になると、長壽を得るに尸解仙となり、仙化するものである。此の境涯は普通の人間の目から見れば、普通人間の死の形を表し、死去したとしか思はれないのであるが、實は死したるのではなく、全く仙去したるもので、神秘の方術により只、其の身を一度死地に入れて、數日數月を經たる後又生を得て仙去するものである。

次には最も上級に達する仙で、卽ち斯身斯儘白日にても昇天することを得るのである。

明治の初年吉野山より昇天せられた、山中照道仙人等は之れである。之れは普通人の考よりするときは、妄說の樣に思はれるが決して妄說ではなく、勿論此の境地を知るものは、修道の妙を得たるもの卽ち凡俗を脫したるものでなければ到底判らないもので、決して妄說ではなく、事實に於て存することである。

斯の仙法を修するに大別して二法ある。一方法は內部より心的に修し、一方法は外部より体的に修するので、內部は心を修め、外部は形體を練るのである。此の二法は丁度車の兩輪の樣に並行するもので、其の一つを欠くことが出來ないもので、如何に形が練られて居ても、心が清明ならず、又心のみが清明であつても、身が練られて居らなかつた時は、眞の不生不滅の境に至ることは出來得ないのである。

之れが故に仙術を修める者は、皆形を練ると共に心の修養を強くせなければならぬ。

仙經にも其の種類非常に多くあるが、中々に解し難く、又道も判然してない居のである。しかれども何人も能く之を究めて行く時は必ず究極するところを捉ねる事が出來るのであるが、不撓不屈の行者が少ない爲め、悉地を成就して天仙、地仙、仙人等となることが出來ないのである。

仙術は固より妄誕の説ではない、若し如法に修して妙境に達したならば、神にも等しき通力を表し、神秘な事も自在となるのである。

要するに仙術も究極は、心靈の修養より形体の修練に入るもので、根本は道徳を主として總ての行動に欠点の無い様になつて來るもので、如何に妙術は得ても不道徳のものであつたなら、遂には凡夫と何等變る處のない様になるものであるから、斯法を修せんとするものは先づ眞正の心を以つて、徳力を養ひ共に形体の修練を積んで行かなければならないのである。

道を知る事は易いが、之を行ふことは難く、道を知る人は多いが、之を行ふものは少ない故に、長生不死の仙道あることは知つても、實際斯道を修して仙となる者は極く稀である。

本來妙なる大道は常に卑近なものであるから、人は多くは之を馬鹿にする。けれども孔子も道は近きにありと云はれた通り、道は脚下にある。其の平凡な卑近な處に言説の及ぶ事の出來ない妙味があるのである。愚痴無知の尼や老後を養ふ修道の念强きものが、唯念佛のみを申して居れば、あれがなにゝなるかと云ふものもあらう、唯々信心者となつて口に經文を唱え、山中に入り呪を唱ゐ、行ひすまして居たならば人は之になんと云ふであらうか、又默々として息を臍下丹田に送ることのみに熱中し、何事もなさず、冥目端坐するものを見れば、人は之を笑ふのであらう、然し眞の極致の妙味は其處にあるので、行者には常人の考へ及ぶことの出來得ない超絶した妙域を感じて居るのである。

普通の人より見ると學校に行き敎師の敎を聽き讀書するとか、修學でもすれば智識も增すが徒らに默々として居たり、念呪のみを唱ゐたり息法を行ふてばかり居て何んの効かあるものかと思はれるのであらうが、偖て其の妙域に至つては局外者の到底窺知し難いところがあるのである。故に各人は此の妙味を自得して、到底普通人間の窺知し難い境に至らねば其の堂奥に至ることは出來得ないのである。

呉々も云ふのであるが、仙家の身心強健法は、精氣神の三階段を心に固く止めて修する事である。戒根固くして精を保つ事が出來、精固くして氣は盛となり、氣盛にして神が玆に全きを得ることが出來るので、精化して氣となり、氣化して神となり、神を練つて妙に入るのである。此の境に至れば最早や言説の相をはなれて神秘の境地に入つたもので、神ならでは知ることを得ないのである。

精を練つたのが人間界の長壽者であつて、氣を練つたのが尸解仙となり、神を練り修るに至つて、天地同体の妙境に至るのである。

第七章　古今の身心修養法

一、平田篤胤の『志都乃石室』

扨これは、古には無きことながら、今の人は養生と云ふことも爲ねばならぬ譯がありまする。其は先づ古には、養生と云ふことのない譯は、本より古人は、敦厖純固、識らず知らず、自らにして、養生の道に叶つて居たること故、こりや古には無きはずのことでムる。

然るを後世に及び及ぶほど、事も物も多くふねて、世につれ事に觸れること多くて、望みごと絶ねず、思ひ結ばれること多く、とかく氣が上へ上へと衝逆して胸膈へたまり、此がそもそも病の始まる謂れでムる。

扨このことは諸越人も天竺人も、早く心づいて、各々其の國の書共に、こまこまと書いてあるでムる。其は先づ諸越の國では、謂ゆる内經を始め、種々の書物に、返すぐ〵申して有ますが、かやうのことは、一向の大倭心に成り固まつて、外國の說とし云へば、耳に觸れ聞くも穢らはしく思はれる人は、定めていかにぞや、下すまれませうが、さうでない。

其はなぜと申すに、凡て諸越を始め、萬の外國は、末國の汚穢き國々故、古くより致して、國も猥りがはしく、又病も多く、夫ゆゑ養生と云ふ樣な事や、又は醫藥の道なども、ずんと委しく考へものして、尤も例のくだくだしく、言痛きことが多けれども、此は鈴の屋翁の云はれました通り。亂れたる世には、戰に習ふゆゑに、自に、名將の多く出るやうなもので、世々にさまざま考へくて云ひおけることゆ、中には實に尤もなることどもがあるでムる。こりやわる狡意の教説とも違つて、人に利あることは、拾つてとるが宜いと篤胤は思ふことでムる。其のすはり故に、此の養生のことは外國の説どもを摘み取て綴り合せ、辯を加ゐて演說いたすから其のつもりでお聞きが宜いでムる。

扨また御國に、さやうな說の、古より無かつた故は、古道の大意を演說の砌に申したるとほり御國は萬國の本つ國たる勝地じやに依つて、地氣厚く、夫れゆゑ久しきがあひだ、敦厖純固、恬憺虛無と云たやうに、事少なく、世も穩でさかし立たず、大やうで有たる故に、かの治まれる世には、名将もなく、盗人の無き郷には、用心の入ぬやうなもので、自ら養生の道じやの何のと云ふ様なことは、思ひも付かなんだことでムる。かの川柳點に無病とも心つかずに無病なり。と云ひたる如きことで有つたる處が、外國よりは、くさ〳〵の事も物も渡り、夫れにかぶれて、遂には外國風のさかしら言、または世を歴年を重ぬるまに〳〵事もふる世も亂れなんごして、古への質朴なる風は、やうやうに移り移て、とんと今の世の如く、人事もせはしく、望みこと絶ず、思ひ結ぼふれて、扨こそ今はもはや、養生と云ふ事も、古へはないことじやと、一口に云ふて仕まはれもせぬ様になつたでムる。素問の擧痛論に、

百病生於氣。怒則氣上。恐則氣下。喜則氣緩。悲則氣消。思則氣結。驚則氣亂寒則氣收。炅則氣泄。勞則氣耗。

ともある如く、諸病も此より生ずるでムる。

然れば今はその養生と云ふことも一とわたり心得ねばならぬと云に成つては、御國には右申す譯故、さやうのことを考へ記したる物なく、そこで彼の外國の人どもの、固より亂りがはしき國に生れて、かゝることに甚じく心を用ひて云置たる説どもを拾ひ取つて心得るが、いつち捷徑でムる。其の諸越人の説は、

まづ素問の上古天眞論と云篇に。

恬憺虚無眞氣從之。精神内守病安從來。

とありますがこりや古の大らかで、わる賢くはなく、事少なで、後の世風なる辛勞もなく、夫ゆゑ身が健で、病に犯されなんだことに、よう叶つて居るでムる然れども古は古で事少なく、今は今で爲す事業の多きことゆゑ、とても古のやうに質朴純固になることではなけれども、古へを尋ね探つて、古人の大らかなる氣質をまねび、神の道の妙なる理を會得して、世に有りとある事物、おのが爲すわざ、身の貧きも貴きも、皆神の御心で、爭ひ難きものなることを悟つて、差越し

たる望み、强ひたることは心して、成べきたけの限りを、心靜かに計らひつゝ世は穩かにくらしたいものでム。但し身に負はぬ望みを爲し、見るもの聞くものにつけて、心動き穩かならぬも、己がじゝ、生れ得たる性で、どうもならぬ人情の遁れぬ處ではあるなれども。これは心ばえをのみ申すのでムる。なぜなれば、篤胤は素より醫の道が好きで、學んだることゆゑ、內の病は、多くは心穩かならず辛勞の過ぎる處から出來ることを人の上ばかりでもなく、己が身で試し見て知つて居る故申すことでム。此は漢土、天竺。おらんだの人も、みな符節を合せたやうに告諭してその書も力車に七車、牛に汗を流す程ある中に、只一と口に事短く云ひ取たは、孟子に、養心莫善於寡欲。と云たが、いつち早い諭し言でム。

その欲を寡うすることを、委しく示したは、養生要訣と云ふものに、能攝生者當先除六害と云つて、其の六害と云ふは、一に曰く名利薄く、二に曰く聲色を禁ず、三に曰く貨財廉す、四に曰く、滋味損す、五に曰く虛妄屛く、六に曰く、嫉妬除くとある。これが寡欲の大綱でム。

これに反して名利を好み、聲色を禁せず、貨財をたくはへ、滋味を飲み食ひ、虚妄を屏けず、常に嫉妬の情を除かぬと。それが悉く心勞の本となるに依て病が起る。然るを不養生をして病身となり、又は命にも及ぶと、これは天命じやの、神の御心じやのと云ふて、心とせぬでム。尤も人は人形の如く、神は人形を使ふ人間の如き物ゆゑ。云ひもて行けば、神の御心と云ふて違はねども、又其處に心付いて養生するのも神の御心で、やがて禍を直きに復すの理りでム。よくこゝを辨へて心勞をばなるたけ省くやうにしたいものでム。

張文潜と云ふ諸越人の語に、

夫人未有語之以死。而不畏者也。日夜之所爲。則取死之道過半矣。

と云ふたが、實にそんなものでム。又經鉏堂雜誌と云ふ書に、

人在病中百念灰冷。雖有富貴欲享。不可。反羨貧賤而健者。是故人能于無事時

常作病想。一切名利之心。自然掃去。

眞の妙法なりと云たが、これも尤もなことでム。中にも富貴の人と云へば、病中にあつては、百念灰冷とやんで、反つて貧賤にして、健なるものを羨むと云たなどが、今の世とても人は皆そうで、病を得てから、やれと云て騒ぐは、實に世の諺に。屁をひつて尻をすばめると云ふ譬の如くでム。此の諺の意は、早くも諸越人も、素問の四氣調神大論に、

是の故に　聖人不治已病治未病。不治已亂治未亂。此之謂也。夫病已成而後藥之。乱已成而後治之。譬猶渇而穿井。鬪而鑄兵。不亦晩乎。

と云てあるでム。

さてまたなぜ辛勞すぎて心穩かならねば、內の病が起ると申すに、人の體は、天地の間なる氣を口鼻より吸て、上焦に受け、其れより中焦下焦、腹中惣體へ送り、其氣の力に依つて、血も能く一身を運る處を、心を勞することが甚しければ、

常に物思ふことを絶えず、胸膈おだやかならぬゆゑ、其氣沈滯して下への運り惡く、そこで種々の病證が發る。その病證あらましを云はゞ、まづ上焦では、痰喘咳嗽して、短氣と云ていきだはしく、胸滿と云ふてむなぐるしく、動悸暈眩、ものに退屈など致し、中焦では心下痞鞕と云て、鳩尾下の處が痞へて鞕く、少し押しても痛み、或は飲食こなれ惡く、又何となく胸先こゝち惡く、腹中筋ばり、また下焦は、臍の下に力なく、尤も押して見るに筋ばつていたみ、塊など出來腰いたみ足冷え、又しびれ、小便近く或は謂ゆる疝氣もち、癪持と云證となりなんど、此外今こゝに申盡し難い程のことでムる。こりやみな心を勞することを過ぎて、氣が滯つて下へ循らず、血は氣の力に依て、一身を循るものなるに、氣が滯ては、血の循り惡しくならねばならず、其でかやうの證を發することに至るでム。そこで養生と云つては、外に爲やうはなく、尤も食養生と云ふこともあれども、第一は胸膈の間に、氣の沈滯せんで、能く下焦へ循るやうにと、心がけるのが專要でム此れは誰も知て居る通り、臍の下に氣海と云ふ名をつけた穴處のあるのも、實は人の口鼻より受る處の氣をしつかりと臍の下、謂ゆる氣海の穴あたりに湛へてあるやうにと云へる義で名づけたものでム。素人もよく知て居る。難經と云醫書にも、

生氣之源者。腎間之動氣也。此三焦之原。一名守邪之神。

とありますが、此義は人の生きて居る氣の原と云は臍下の動氣のある處が夫じや。此れをなぜ腎間の動氣と云ぞなれば、嚮に申するとほり、腎の臟は、左右に三つ有て、丁度氣海の穴は、其の左右の腎臟の中間通りに當て居て、其の動氣のある處は、かの左右の腎臟の中間に當つてをるに依て、腎間の動氣と云つたものでム、此の三焦の原と云は、上焦中焦下焦と三焦の中にも、この下焦腎間の動氣のある處は、大切の處ゆゑ、三焦の原と云たもの、一名守邪之神と云たは、ここの處さゑ氣が充てをれば、外邪にも犯されず、內よりも病か起らぬ程の譯ゆゑ、

邪を守るの神とも云。との意でム。されば素問の評熱病論に、邪之所湊其氣必虚とある如く、房事の後うたたねして、風邪を引き込み、今參りの信濃が持たる油揚を鳶に抓れる類も、油斷よりのこと迷はし神に憑れるも、狐狸の類に化されるも、彼の守邪之神なき隙を付込まれたる故のことでムる。然ればこれ程、やんごとなき大事の處ゆゑ。醫書と云ふ醫書は本よりのこと、諸道諸業、何れもこゝへ氣をたゝみ蓄へることをさとし、まづ天竺では、釋迦よりも遙により學び來つたる、婆羅門の修行も、治心と云て、心をこゝに修むる修業。また釋迦の修したる處も、これに外ならず。されば諸宗の安心も、云ひもて行けば、みな同じ心に歸することでム。又諸越の神仙の道を傳へたと云ふ道家の輩の修業する處もこれで皆こゝに氣が聚まれば、無病になり、無病じやに依て、長壽を保つと云ふ義で、此の修業を、不老不死の術なども云たものでム。氣海の下の穴の處を、丹田と云も、其の不老不死の丹藥を蓄へたる田と云ふの義を以て、名づけた物じやと見ゐるでム。

さて臍下へ、氣を錬り疊むの修法は種々ある中に、いつち手みじかい修法がある。それはわが父が、八十餘り四つの歳まで、壽を保たれましたが、我は若かりし時、殊の外多病なりしが、とある老人に此法を習つて、三十餘の時より折節となく此の術を行つて、此齡に至るまで無病なり其方もこれに習へとて、敎へられましたが、實以てこれは無病長壽の奇術なること疑ひなきことでム。その仕やうは每夜寢所に入て、其いまだ睡りにつかぬまへに、仰向て、兩脚を揃へて、强く蹈みのばし、總身の元氣を臍の邊から氣海丹田の穴、および腰脚足の心までに充しめ、さて他の妄想をさらりと止めて、指を折り、息を計へること百息にして、其の蹈みしめたる力を緩め、暫有て、又かくの如く、大抵每夜この術を行ふ事、四五度程づゝ、缺さず修すること、每月五七日づゝすれば、元氣惣身に充滿して腹中の積塊も皆とける也。如何なる良藥も、此の術に越するものなし。夫故に我はかくの如く、老に及ぶまで無病也とて、腹を出して見せられた處が、中焦鳩尾の處すきて、下焦臍下の張て固きこと、こつこつと音のするやうで有たでム。此れに就て思ふに、唐書と云ふもろこしの歴史に、柳公度と云者が、年八十餘で、力も強かつた處が、此が常に云には、吾かやうに長壽で、力さへあることは、初めより外の術はないが、いまだ曾て氣海を冷さず、また元氣を以て、喜怒を佐けぬばかりのことじや。と云たと云ふてとでムが、我が父もとんと、此通りの行狀で有たでム。

扨近ごろ夜船閑話と云ふ書を見たるところが、これは駿河國の原宿の松林寺と云寺の住職、白隱和尙と云が、著はしたもので、此の白隱若かりし程、座禪觀法の爲に、大きに身を苦しめ心を勞し、其がために彼の氣胸膈に滯つて、つひに勞瘵の惡證を煩ひ、諸醫百藥も寸効も無つたる處が、山城國白河の山奥に白幽と云ふ老人の、その歳は二百歳餘なるが隱れ住んで、これが能く醫道に達したる者なる由をきいて、それを尋ねたるところが、何にも聞たる如く、白幽は僅に、五六尺許ある巖中に居て、雜具の類さらになく、實に仙人の有樣で居たる故、白隱はそこへ踞いて、苦に病因を告て、治法を問た處が、白幽は、內觀の法と云を授けたと云ことでム。その內觀の法と云が、右申したる通り、氣海丹田に力を張るの仕方でム。既に白隱たしかに言を立て、能くこの內觀の法を行ひ、其の功つもらば、一身の元氣いつしか脚腰足心の間に充足して、臍下瓠然たること、未だ、しのうちせざる毬の如くならむ。五七日若しくは三七日を經たらんに、從前の五積六聚、氣虛勞役等の諸症、底を拂て平癒せずんば、老僧が頭をきり去れ。と云ひおいたことでム。白隱は僧でも、あまり僞はつかぬ者で、此法は弘く人にも傳へて、しばしば、驗を見たること故、かやうに慥に云ひおいたものでム。

抑々かやうに煩はしげに養生の法を傳へるも、どうぞ人々の體を健にして古への道を尋明させ度思ふ、篤胤が老婆深切でム。すべて志を立て道を學ぶものは身の養生もせねばならぬ譯で、君親に事へて忠孝を盡すも、また世に功をなして、美名を後世に傳へるも、命有てこそでム。漢書にも、孝經と云書に、身体髮膚受之父母。不敢毀傷孝之始也。立身行道揚名後世。以顯父母孝之終也。と有るは、先づ第一に道を全うして道を學び、立身して、さて後の世に名を揚げて、其父母までも面目を施すやうにするのが、孝道の始終を全うすると云ものじやと云の意でム。此は序じやによつて言ひますが、世の常の人此方づれが、後の世までに功をなすなど言も、餘り事々しいやうじやが、さうでない譯は、彼の春秋の左傳にも、太上立德。其次立功。其次立言。と言ひたる如く、其の德が國天下に及び、普く世人を治むることは、中々凡下のもののなることではなく、其次の功を立ると言も、其位に居て、政を執る程の人でなくてはならぬ程でム。夫故いつち下なる言を立て、世人を導きごもするが、凡下の相應なる務めと云物でム。學問するものゝ心がけは、先づこゝらでム。

これは翁が各方面より引例して、調息の妙効を述べたもので、寔に有益な書である。要は氣海丹田に氣を修め神を虚に小兒の如くになれと云事で、息法より入つて氣を導き神を定めて、共に血液の循環を良好にし。惡念惡血を洗ひ去ると云事である。

二、貝原益軒の『養生訓』

陰陽の氣天にあつて、流行して滯らざれば、四時よく行はれ、百物よく生る。偏にして滯れば流行の道ふさがり、冬あたたかに夏さむく、大風大雨の變ありて凶害をなせり。人身にあつても又然り。血氣よく流行して滯らざれば、氣强くして病なし。血氣流行せざれば病とある。其の氣、上に滯れば頭痛眩暈となり、中に滯れば必ず腹痛となり、痞滿となり、下に滯れば、腰痛脚氣となり、淋疝痔漏となる。此の故に、よく生を養ふものはつとめて元氣の滯りなからしむ。

素問に怒れば氣上る。喜べば氣緩まる。悲しめば氣消ゆ。恐るれば氣めぐらず寒ければ氣とづ。暑ければ氣漏る。驚けば氣亂る。勞すれば氣へる。思へば氣結ると云へり。百病は皆氣より生ず。病とは氣やむなり。故に養生の道は、氣を調ふるにあり。調ふるとは、氣を和らげ平らかにするなり。凡そ氣を養ふの道は、氣をへらさゞるとふさがざるにあり。氣を和らげ平かにすれば、此の二つのうれひなし。

臍下三寸を丹田といふ。腎間の動氣こゝにあり、難經に、臍下腎間動氣者、人之生命也。十二經の根本なりといへり。是人身の命根ある所なり。養氣の術、つねに腰を正しくする眞氣を丹田にをさめあつめ、呼吸をしづめてあらくせず、事にあたりては、胸中より微氣をしば〳〵口に吐き出して、胸中に氣をあつめずして、丹田に氣をあつむべし。如此すれば氣上らず、胸さわがずして、身に力あり貴人に對してものを言にも、大事の變にのぞみ、いそがはしきときも、如斯すべし。若し止むことを得ずして、人と是非を論ずとも、怒氣にやぶられず、浮氣ならずして、あやまりなし。或は藝術をつとめ、武人の、槍太刀をつかひ、敵と戰ふにも、皆此法を主とすべし。是れ事をつとめ氣を養ふに益ある術なり。凡技術を行ふ者殊に、武人は此の法を知らずんばあるべからず。又、道士の氣を養ひ、比丘の坐禪するも、皆、眞氣を臍下に修むる法なり。是、主靜の工夫、術者の秘訣なり。

氣を平和にし、あらくすべからず。しづかにして、みだりに動かすべからず。ゆるやかにして、急なるべからず。言語を少なくして、氣を動すべからず。常に氣を臍の下にをさめて、胸にのぼらしむべからず、是れ氣を養ふ法なり。

呼吸は人の鼻より、常に出入する息なり。呼は、出づる息なり、內氣を吐くなり、吸は入る息なり、外氣を吸ふなり。呼吸は人の生氣なり。呼吸なければ死す。人の腹中の氣は、天地の氣と同じくして、內外相通ず。人の天地の氣の中にあるは、魚の水中にある如し。

魚の腹中の水も、外の水と出入して同じ。人の腹中にある氣も、天地の氣と同じされども腹中の氣は、臓腑にありて、ふるくけがる。

天地の氣は新しくして淸し。時々鼻より外氣を多く吸入るべし。吸ひ入るゝところの氣腹中に多くたまりたる時、口中より少しづつしづかに吐き出すべし。あらく早く吐き出すべからず。是ふるくけがれたる氣を吐き出して、新らしき淸き氣を吸入るゝなり。新らしきと古るきとかふるなり。是を行ふ時、身を正しく仰ぎ、足を伸ぶべし。目をふさぎ、手をにぎりかため、両足の間去ること五寸、両ひじと体との間も相去ること、各々五寸なるべし。一日一夜の間、一兩度行ふべし。久しくしてしるしを見るべし。氣を安和にして行ふべし。

千金方に、常に鼻より淸氣を引き入れ口より濁氣を吐出す。入ること多く、出すこと少なくす。出す時は、口をほそく開きて少し吐くべし。

常に呼吸の息は、ゆるやかにして、深く丹田にあるへし。急なるべからず。

調息の法、呼吸をとゝのへ、しづかにすれば息やうやく微なり。彌久しければ後は鼻中に全く氣息なきが如し。只臍の上より微息往來することを覺ゆ。此の如くすれば、神氣定まる。是氣を養ふ術なり。呼吸は、一身の氣の出入する道路なり。あらくすべからず。

この書も亦調息の法と氣を臍下に沈めて胸中の惡息を出し氣血の流通を計るの方法を述べたるものである。

要は氣を丹田に集めて動かさづ息を調えることにあるのである。

三、櫻寧室主人の『養生訣』

體容を正して、後に氣息を調和せよといふは、周身の氣息を臍下に充實て、其四肢を輕虛にし頭面、肩、背、胸腹、四末に、毫も氣の礙滯ところなく、物を提にも事を行にも、すべて臍下の力を用ふるやうにせんとの敎なり。この臍輪以下丹田の地は、人身の正中にて肢體を運用ところの樞軸なり。上は鼻と相應じて、天地間の大氣を鼻よりして吐納、その外氣をこの丹田より周身へ普達て、内外一貫になりて生命を有つところの根本なればなり。故に婦人の懷孕するも、またその種子をこゝに生育す。また兒の子宮中に住や、その目と臍を覗くやうに、體を弓形にして、鼻と臍とを相對し、被膜裏より母の丹田と通應し、おのづから外氣を感得す。此天賦の妙機なり。

それ日月星辰の中天に繫るも、地界の萬物をのせて重しとせざるも悉く皆その樞軸の運轉あるに由てなり。人も又かくの如く、身体を運轉べき大氣を、この中心の丹田より輸て、上下左右平等にして周遍ときには、自ら天賦の機關に合が故に、求めずして不可思議の妙用を具へ、變化自在の德を有つにも至るべし。もし然ときには、心に憂愁嗔怒の惱もなく、身に痛苦疾症の煩をも受けず、苦界にありて苦を知らず、樂境に住みて樂に著ず、かゝるを天地と其德を同くし、日月とその明を合するものともいふべきなり。今近く人身の中心は、臍より下、腭より上、腰髎と小腹の間、所謂丹田の地に在ことを験さんに、假令ば、背に重きものを負ば、體は必ず前に屈み、前に物を提ば、背は必ず後へ仰ぐ。右に絜れば左へ傾き、左に捉ば右に傾く。この抵對は、必ずその物の輕重に從ひ、前後左右の重力に任て、その中心を支ることゝ、たとへば稱錘を以て秤衡を平等にするが如くその身体の仆ざるやうに、心なくしておのずからかくするは、地界の中心より人身の中心をさし貫たる直線を外ることなきやうにとの、天賦の妙機に由てなり。今体容呼吸を調るは、偏にこの中心を身体の樞軸になして、上下前後左右平等に一氣の命令よく行わたりて、動靜應爲自過不及の差なからしめんがためなり。然るを若しこれに反て、身体に偏倚なるところあれば、その偏倚につれて病苦となるなり。

今これを衆人に試るに、小腹臍下充實、大腹に支結痞滯なきものは無病なるのみならず、精神よく安定て、仁義の道を志、決斷かならずよきものなり。また胸脇支憋、心下中脘の邊とぢ、臍下に力なきものは、必病疾ありて、且治しがたくその思慮定ず。愚癡蒙昧にして、毎事はきはきせず、やゝもすれば、耳目の慾に惑やすく、飲食もまた滯停がちにて、多は天壽を全することあたはず。たとへ偶壽を得たるも、老耄して事用にたちがたき者多し。今方太平二百餘年人々安逸に耽り歡樂になれて、たゞ富貴榮華を慕ひ、名聲功利を競逐て飽足ることを知ざるが故に、その心志外にのみ馳て、内に守るものなく、その外物を攝受さころの、耳目口鼻のあなのかたへ、一身の血氣とゝもに胸腹諸臟を、上へくと勾引、もし腔内筋膜の繋着がなくば、臟腑はことぐく頭面裡に、搶去もしつべき狀あれば、身体は、俗に所謂、將棊だほしとやらんになり、臍下空洞にて、物なきが如く、大氣の令行ず、下元の力虛乏して、腰脚に力なく、腹胃漸に狹隘なり。日々の飲食停滯敗壞て、血液の運輸怠慢なるなり。かくては、病を生ぜではかなはぬ軀となることは、全く天性に戻り、自然の對法を失へるが故ぞかし。かゝる人の平常を視るに、たとへ亢强やうなるも大事に臨ては、必周章狼狽て、思慮定るあく、終にはあほうの名をとるとか、先はだしやくにして、氣字なきが多きものあり。古昔は髓海、谷神、天谷、泥丸宮、または上丹宮、あるひは頂上金剛宮などと、さまぐの名稱ありて、頭中に一身を主宰ところの心識はありとなす。もし然らば、その外物を攝受ところの耳目口鼻を、頭腦に近き面部に開きて、身体を使役に便利やうにしたるも、また天賦の妙巧なるべけれど、その耳目口鼻のまどより、霧の如く煙の如きもの薫侵て咫尺を辨こと能はず、凡百の事、すべて恰も闇中に物をさぐるが如くなるが故に、をのれが有ある、天地と混融一體なる靈妙の心識は、たとへば糞壌の中に埋たる金玉に均く、光耀を發るの期あることなしかく耳目の欲に体膚を勞し、心志を苦め、一生を名利の巷に奔走は、譬ば客店の居室が己が意にかなはざるを憂て、曉まで快睡ざるが如く、豈愚の甚きものならずや。是をよくよく其初に顧ときには、唯一念の慾を忍こと能ずして、遂に禽獸と類を同うし、かく天壽を短にも至るがゆゑに、今養生の第一義とするものは、唯其慾を忍るにありとはいふなり。故に病家須知に、畏と忍との二つを養生の首とし、力と儉とを以てこれを守ることを示せしも、これ天命を全する自然の道に率なり。かゝれば、夫婦父子君臣朋友の人倫のあるに從つて、それ〴〵の道は敎を待ずして自然と具有が如く、攝生の道も、又天地自然の條理によつて、逆ふことなきやうにするまでのことにて、他に求むべきものにあらず。しかはあれども、かく利慾の心の昧みはてたるものを、卒にその本性に復しめんとするは、大に難きことにて、人々懊熱、嗔沮、執拗、踈放を、自己の性格なり、或は親の氣質を受たるなり。などゝ裁量て、改んと思ふ者少ければ、それらの爲には、先づ其の性格とするものは、そのまゝに暫放下て、只飮食の量を定め、睡眠の則をたてゝさてそれより、体の側倚を戒め、呼吸を調和しめて、行住坐臥にこの心を存て瞬時も忘失ことなからしむれば、その心の沈むるもの浮もの、いつとなく調停て、胸腹寛舒となり、臍下自然に充實て、頭肩漸に輕く、腰脚に力用發て、其心の偏倚は、自ら改りゆくに從ひ、從來の癇疾、しやつき、溜飮、すべて背脊に結塞ところの病、婦人血の道、月經不順、その他一切沈痾も、藥石の力をまたずして平治に至れば、かの性格とするところの氣質は、何處にか忘失が如く、心意坦懷に言行柔順になること、其の妙擧ていふべからず。若しよく斯の如くなる境に到り得るの後は、假令健啖過飮とも、體にさまでの妨害と爲ざるのみか、癈病を得て困苦等のこと、まづはなきことなり、その上心は形に隨ふものなることは、衣服を整へ、威儀を繕たるときと、宴居放縱にしたるときは、心の趣どころ自異が故に、病を去り、意を轉しむるの捷徑は、この食眠體息を調適に優れる術あるべからず。これ人の世にあるや、白駒の隙を過が如く、涯ある生を以て、極なき利慾妄想の爲に、病を抱て天命を促ことは、己が心識に、かゝる德性を具有ことを知らず、徒に形體の限をつくして、飽足ざるが故なり。もし人よく寡慾の攝生の第一義あることを知得ときには、强に五事調和をまつまでもなく、病苦なくして、泰然とその天壽を終て、子孫の榮をも期すべきなり。故に世人よく〳〵この道理を領んことを庶幾のみ。

以上上巻より。

近頃また一つの調息の術を得たり。其法は、布を以て胸下腹上を緊縛て、臍下へ氣息を充實しむるなり。これを試るに大いに捷便にして行ひやすく、五事調和を爲得ざるものと雖、よく此法に從ときには、其成効尤速なり。

それは綿布の長さ曲尺にて六尺有餘、呉服尺にては五尺許なるを四つに摺て、左右季肋端章門の邊へかけて、二重にまとひくゝり、さて力を極めて臍下へ大氣を吸入ること、その人の機根に應じて、日々三四百次より二三千次にもいたる。これを行にはその體を柔和にし、肩を垂れ背を屈め、すべて胸腹肩臂を虚にしてたゞ臍下に氣息を充實なり。これこれまで傳るところと異が如くなれども、其本旨は必しも相背ずとす。故に身体の中心なる臍下丹田は、上鼻頭と應通するてとはじめに說けるが如く、また吾醫の四診の一つある望の法にも、臍中より以下の病を、準頭の色相を以て觀察ことあるも、眞氣の往來もつとも近きところなればあり。ゆゑに坐禪家の法も、鼻と臍とを上と下とに相對し、背脊を竪起て、その体を偏斜低昂なからしめ、面を平にし、耳輪を肩上にあてゝ、正坐にあらねば、心氣よく臍下に止こと能ず、ゆゑに必ず茲に致るなり。されども、もと觀想を以てすることとなれば、自己はよく修し得たりと思ふものも、多は偏見になりて、禪定成就せざるのみか、これに因て病を生ずるものゝ又多し。ゆゑに今の世の長老智識と稱れ、參禪工夫間斷なしといふものも、其身体各所に氣の滯るところありて、何にとりどころもなきが多を見れば、言行一致內外一貫の地には、中々到られぬ輩とは知られたり。

これ其動中に靜あり、靜中に動ありて、動靜もとより不二なることを知らず、ただ空心靜座にあらねば、定に入たるにてはなく、道を得られぬことをのみ思ひ謬り、行住座臥ことごとく禪定ならざるものなき理を明にせざるに由てかくなりゆきて、其狀恰も癡呆にひとしく、また狐狸に誑れたる如く、或は大悟徹底と自慢して、その言行ほとんど狂人に類似たるもの多し。かの慧能禪師の、空心靜座の大道を妨ぐるむねを說れしは、全くかゝる輩の爲なるべし。故に予が五事調和も、動中の工夫を專に示したるは、いさゝか微意のあればなり。さてこの帶を用ひて胸下くくる法は、强に背骨を直にして趺坐に及はず、ただその體を放て平座面を伏て臍中を覗くやうにして、鼻頭と臍とを對しむ。且行住座臥にその意を用ひて、しばらくもやすむことなく、大氣をして常に臍下に充實なり。これ活用の法にして鼻と臍とを對せしむるに、ただ内外の差別あるまでなれども、かの心下痞塞、胸腹こり、または中脘臍のあたりなどにかたまりありて、いかに正坐ても氣息臍下に到りがたきものも、其胸腹を虛して、氣力を極て臍下へ吐納しむるときには、かならず到らざるものなきを以て、大に行易とす。若し此術に從て、呼吸を調んには、その座には、臀肉を以て、席上を壓す意をなし、歩行には、氣息を以て小腹をひきしむるやうにして、脚歩よりも小腹まづ進むが如くしその面人に對し、眼に外物を視るときにも、心には必ず臍下を見るの念を、瞬時も忘失ることなければ、その外物と交るところの忘心自斷て、心識安定、陰陽和適ことを得る捷徑の法なり。予が此術を傳しは、兵法者鳩洲白井翁の師に、寺田五右衞門宗有と云ふ人ありて、白隱の弟子東嶺より、參禪錬丹の術を受け。はじめてこれを兵法に加へたれども、其術はいまだ全きことを得ず、たゞ己が有にして、之を他に傳ふること能ず。且動ば其の骨力をたのみて、缺漏少なからずときく、然るを鳩洲翁の伎は、その師に卓絕て、よく動中の工夫をこらし、空中大氣の活動あるを察し、鋒尖のゝびを觀せしも、みな其自得に出て、よく身心を虛にし、敵を伏するに天直無爲の道を以てするの妙を得たり。

その尤も長ぜることは、稚子幼童といへども、随宜接引を設てこれを誘導、久からずして必其の大旨を得せしめ、諄々よく人を誨て、終に倦厭の色を視たるものなし。且其人となり恭謙忠實にて、よく老母に仕て孝を盡す。よく貧に安じていさゝかも功名富貴を慕の念なし。宜哉かくのごとき古今未發の兵法を發明せしも、その伎に志篤に由てなり。予こゝに於て大ひに心服し、敢てその敎をうけ、旁その帯を用ひてこれを沈痾痼癖にこゝろみて、効を見もの數十人、その外つたへて行はしむるもの百有餘人に及び、各の利を得を以て、吾醫術の一助となるを怡ぬ。

この腹をくゝりて氣息を調停る法は、白幽とやらんが白隠に傳へしところありといへども、予これを檢るに、はやく後漢の安世高が譯の、大比丘三千威儀といふ律部の書に出て、禪家には必要のものありしを、いかがして廢しか、今に於てその製の詳なることは、得て知るべからず。今試にこの尺度に倣てこれを製へんには、後漢の尺を用ふべきなれども。その初め、竺土の尺度を漢地に譯せしも、算數の强弱必有べき分なるを。ただ一尺といひ八尺とのみあるからは、その大概を記せしものと見えたり。たゞ試に、三重にまとへば益々力を得、こうに代るに環を以てし。その端を貫とむれば、大ひに捷便ことをおぼゆれば、予は專らにこれを用ふるなり。その尺度の如きは、こゝにかゝはるべきことにあらねば、各體の肥瘦に應じてこれを製べし。予が此の帶を用ひてより試驗たるところのものは肺勞、喘息、癇痃、藏燥。めまひ、ちうふう、及頭痛久しくいへざるもの、ちうしように類せる病者、皷脹の初發、其他、しやくきの治りかねたる、肩背の癒ねがたき類に、いづれもこれを傳へし人ごとに、其行ひやすきを以て、予が從來用ふるところの調息術に比ぶれば、其成効はなはだ速なること、擧ていふべからざるものあり。

老子の虛其心實其腹と云ひ、また、聖人爲腹不爲目などあるを、すでに甲斐の德本翁も、息を臍下に充實しめ、心を虛無自然の地に任することになりて、その著ところの極秘法と云ふ書に、すべて病人を見るには、心中に一点の念慮なく、氣海丹田へ氣をゝさめ、病人もなく我もなきところにより、手を下せば、自然に見ゆるものなりと。記せしは、よくこの意を得たるがゆゑなり。易の彖傳に、君子虛以受人といひ、莊子に、君子不可以不刳心焉、または虛緣而葆眞などいふも、みなその私を去り己を虛にして、たゞ自然の道に從て、天眞を養ふの意なりといへども、今、鳩洲翁が兵法の、たゞ天眞に任て、毫も私意をさしはさむことなかれと示さるゝは、全く老莊の骨髓を得たるものと云べきなり。すべてのことは、皆己が心の外物と相對する間に、意必固我の念起るに由て、へんぱなるかたにおちいるなり。古人も人慾一分消ゆれば、天理一分長ずとはいふて、このことを深く誡られたり。假令書を讀み、道を講ずるにも、この心あるにあらねば、皆古人の餘唾をなめ、ただ其あとを追ふまでの事にて、博學で却て害となることあり。

もし然る輩のこの旨を會得せざる心よりは、かならず迂潤事のやうにおもうべけれど、大にしては天下國家を治め、小にしては凡百の技藝も、心術を主にせざれば皆膚淺のことにありて、實用にたちがたし。

故に志あらんものは、よくよく此の理を體認べきことゝ、予は思ふあり。されど百城の烟水たどりし昔の例すら、なほ參見の善智識をして、失利慚惶の誚を負しむれば、今嶋洲翁の空中の機關を自得せし説の、予が旨に契合しを恰、その善誘に由て、疾病を治する捷徑を得たるを、速に人に告知しめんとするも、またいかにぞやと思はるゝものから、一片の老婆心の止がたくて、かく概略を記すものならし。

調息の法が一切の病に對して如上の効果あるものとすれば、最早うたかうべきよちはないのである。

現今各地に散在して、何々法、何々術、何々等と稱して疾病治療にあるものは大方は此の息法より出で、是れに心力を加へ、又は觀念の統一作用を加へたるものにて、息法と觀念をはなれて、他に法術は認めないのである。然して其の息法や、觀念は、皆往古傑物の著したるものより出でたるもので、一つとして自己の考案に出でたるものはないのである。

第八章　數息觀と內觀法

數息觀と內觀法とは主從の關係あるもので、どちらの一つが欠けても、完全なるものと云ふことは出來ない。然して數息觀は從であり、內觀法は主であるのである。又數息觀は小乘であり、內觀法は大乘と云ふ事も出來るのである。最初は數息觀より入り內觀法に進むべきで、此の法を修する時は、身体は頑健に、精神は堅確に、元氣は常に內に溢れて、勇氣は百倍し、神にも等しき人格を成就すると共に、記憶は非常に、增して來るのである。

第一節　數息觀

數息觀は前述の如く、內觀法の入口で、內觀法に入る前には是非修めなければならぬ階段である。故に內觀法を修せんとするものは何うしても先づ數息觀より入らなくてはならぬ。

若し身心疲勞し記憶力減退の人や、肺、神經衰弱、其の他の難治の諸病に惱まされて居るものは、此の法を修して一日も早く健全なる身心を得なくてはならぬ試に斯の法を修する事半年、或は一年の後には是等幾多の難病者は全く生れ變つた樣に、別人間になることの出來るのは古來より修し來つた者の等しく體驗に徵して明らかなところである。

然して此の數息觀は、何人にも出來修せんとするものには容易に修することが出來る簡單なる秘法である。若し難病者にして、數息觀より入らんとするものは最初五種の觀行より入らなければならぬ。

一體觀行と云ふ事は或る事柄を觀ずると云ふ事で、此の觀法に五つの觀がある
のである。

五種の觀行

一、不淨觀

二、慈悲觀

三、因緣觀

四、念佛觀

五、數息觀

以上五種の觀業は、人々夫れ〴〵に各種の欠点あるにより、夫々の欠点を矯正する爲めの治療方法であつて、其の最後の數息觀は多數の人々をして、多數の心を去り本心自体とし、事に臨んで一意專念集中の力乏しく、萬難を排するの氣力を缺き薄志弱行にして、体軀も又軟弱に流るゝ者をして、精神自づから集中し、

元氣常に体内に旺盛に・体力は强健無比になさしめる觀法である、斯の數息觀は其の昔し釋尊が、其の弟子の周利盤特迦と云ふ非常に記憶力の鈍い人に、記憶を良くする法として授けたもので、精神の散亂を防ぎ集中と云ふ事が要点となつて居るのである。之れによるときは精力は增進し、意志も堅固になつて來て、人間としての活動の根本となる諸能力が健全になるのである。

一、吸　氣　法

朝早く起きて手を洗ひ、口を嗽ぎ、顔を洗つたならば・未だ日の昇るか、昇らない新鮮な空氣の流通のよい室中に靜座して、東方に向ひ氣容を整ね、冥目して靜かに口よりフーと强く長く腹中の臭氣を悉く吐出し、吐き終て後、今度は鼻よりズーと中空の大氣を吸ひ、胸腹に充分充實した時、又以前の如く、口より靜かに吐出するのである。かくすること十回に及んだ時朝食を喫するのである。

二、座　法

朝食後三十分以上經過後、夫れより愈々數息觀の法式に入るのであるが、此數息觀を修する上に於て最も大切なることは座法である。

此の座法には二つあつて、一つを結跏といひ、他の一つを半跏と云ふのである此の中の一法をとつて。此の數息觀の座法とするので、其の方法は、先づ蒲團の上に座つたなれば、兩足を前の方につき出し、右の手にて右の足をとり、左の股の上にのせ、左の手にて左の足をとり、右の股の上にのせて組むのが結跏である半跏は左右何れかの足を何れかの股の上にのせ、一方を股の下に入れて座するものので、初心者は、始めの結伽は非常に苦痛を感ずるものゆゑ、先づこの半伽より行て、いつたなら宜しいと思ふ。

三、姿　　勢

それより座を構へ終つたならば、次に兩方の手の置處を注意せねばならぬ。右の掌を下腹部に、腹と直角に上むけて置き、左の掌は右の掌の上に重ね、腕に少しも力を入れず、緩やかに置き、兩方の母指は互に支えて玉を抱くやうの心持になる。姿勢は眞直にして、體が前後左右に動かないやうにごつしりとして、大空に懸れる月が地上の風にびくともしないといふ態度になつた時、丁度他より之を見れば、頭の眞中より棒を突通せば尻迄突抜けるやうに見えるのである。眼は半眼に開いて、鼻の先を視るの角度にして、之れから數息觀に入るのである。

四、下腹鍛錬法

嚴然としたる正座が出來たならば、先づ口より息を充分、しかも強く吐き出し出し終て後、靜かに細く永く鼻よりスーと空氣を吸ひ込む。此の時は胸部と腹部とで呼吸をするやうになる。斯樣にして十回繰返したる時、今度は鼻より靜かに永く吸ひ込み、吸ひ込んだ空氣を下腹丹田（臍下二寸の處）に送り込み、グット下腹に力をこめて、八分程力の入た時、靜かに鼻より永くゆるやかに息を出すのである。こういふ事を最初は二三十回より四五十回、順次多くして百回乃至二百回迄にも及ぶやうに修する。

此の下腹に力を入れることが、初めのうちは中々出來ないが、一週間十日と經るに順つて、自然と力も入つて來るものであるから、最初の一週間程は忍耐して修めなければならぬ、力が此の丹田に入ると云ふことは、心が丹田に落付いて來る樣になつて、内觀法に入る最も大切なる要点。卽ち數息觀の根本となるのである。斯くして下腹に段々力が入るやうになつて來れば、終に平常呼吸するにも下腹にて呼吸するやうになり、それがもつと進んで來ると「踵で呼吸する」と云ふ不可思議の處にまで進んで來る樣になる。

斯樣にして繰返して、第一回は終り。後に靜かに座を立つて宜敷のであるが、一体數息觀を修するには、中庸と云ふて、中は偏ならざる事、庸は變らざる事、謂ゆる偏したり、變つたりする事を避けるが、大眼目となつて居るのであるから苦しいところを無理に我慢して修する樣な事は宜敷ない。無利のある業は、終りまで相續することが出來ないばかりでなく、心を靜める事は少しも出來ず、むしろ心を亂すやうなものであるから、無利をなさず、最初は五分より十分に及び、十分より十五分、二十分といふ樣に、漸次に時間と回數を增して修したならば宜敷い。

又座し方も決して結伽や半伽でなくても、婦人であれば、普通に座して修しても宜しいので、要は姿勢を正しくするにある故、形式に泥んで要を失ふ事のないやうに注意せなければならぬ。

次に時間の餘裕あるものは、晝食後三十分以上經たる時、前と同樣に繰返し修するのである。

初めの中は丹田に力が充實しないものであるが、順次熟練するに從つて、下腹丹田が膨くれて來て、石のやうに堅くなり、呼吸も段々長くなつて來て、終りには一呼吸五分七分にも及ぶやうになる。又スーと吸ひ込む空氣は頭の頂点からズーッと脊を通つて、踵から爪先に迄達するやうな心持になり、吐き出す息は踵から腹を通つて口に出て行くやうになる。

斯くして段々修して行く時は終に體全体無數の毛穴より呼吸することが出來る尚進んでは無息の境に到り、卽ち天地は我であり、我は天地であると云ふ、不可思議の狀態にまで進むことが出來るのである。

前にも述べた通り數息観は心を下腹丹田に据る方法である。處が普通の人は心が常に頭上にのみあるから病氣に罹り易く、一寸と頭を使へば直ぐ逆上し、神經衰弱とか其他の病氣を發するが、此の數息觀を修し、一週間も經過せば、逆上して常に頭の重い人、神經衰弱等は、獨りでに消散し、又壯健の者が讀書等の後此の法を修すること五分十分にも及ぶ時は、直ちに頭腦は洗ひさらはれた樣に、精神は爽快となり新しい元氣が、体内に充ちて來て、二三時間の散步等に優つた効驗を見るものである。只注意を要する事項は、何人も之れは宜い事である、今日から實行しやうと思つて實行しかけても、直に怠けて二日なり、三日修しても、あとは捨てゝ顧ないやうになるものであるから。一度これは宜いと思ひ、實行しやうと決心した事は、何處迄も之れを押徹して、途中に廢めないやうに、相續の大念を確かと持つていたゞきたいのである。

凡そ人間にして相續の大念がなかつたならば、何事によらず成功を期することは出來得ないばかりでなく、遂には一生を棒に振つて、立派な智識もあり、强健な体格を所持しながら何一つ成し遂げる事なく、轉々として無爲に過し、日暮れて途遠しの感を懷くにいたるのである。故に本法を修するに於ても、毎日の食事の如くかゝさず、毎日修していただきたいのである。

相續の二字は實に何人の成功をも左右するものである。

第二節　內　觀　法

是より內觀法に說き移らうと思ふが、內觀法は古來より秘中の秘として、容易に傳へなかつた、秘法であるから、斯の法を修するものは、充分に其心をもつて修し、徹頭徹尾其の堂奥に到るの心掛けがなければならぬ。

天下何物にも中心があり、其の中心の度を失ふときは、如何なるものも、完全なる存在を得ることは出來ないのである。

丁度内観法も其理のやうに、人間の心をして身体の中府に鎭め、心を常に身体の中央に、シツカリ動かぬ樣にして、身心共に新生面を開くに到る方法である。

昔し、此法は、白隱禪師と云ふものが、白幽仙人より授つた秘法で、白幽は容易に之を授けなかつたのである。

この白隱も始めは禪學に餘り凝り過たばかりに神經衰弱を起し、日々に身体は憔悴してゆき最早や死期をまつの外はなかつた時、或る人より白河の奥に巖居せる白幽仙人のことをきゝ、谷を越へ巖を越へて、やつと白幽仙人の居る處に到達したが、其の時白幽は窟の中で瞑目端座して振り向きもしなかつたのである。姿を見れば、其白髮は膝に至り、顏色は棗の樣に麗しく輝いて、身には一枚の單衣を着し蒲の席に坐り、机上に中庸と老子及び金剛般若經とがあるばかりで、他に何物もなかつたのである。此の時白隱は、恐る恐る進み禮を悉くして、精しく自分の病氣の模樣次第を陳べ、何卒此の病を治する方法があれば、御敎授願ひますと申したのである。すると白幽は暫くして、眼を開き熟々禪師を見て、己れは何にも知らぬ。己れは仙人でもなければ其樣なものでもないから邪魔をせず早く歸山したがよいと云つたきり、默つて何言も云はなかつた。

然し禪師は固より死を決して山に登つたのであり、家に歸つたところで、死ぬより外に道はない、同じ死ぬなら此處で死なんと決心したのであるから、只管哀願したところが、白幽も、漸く其の志を不憫と思ひ、治病の道を授けたのである即ち之れが其の內觀法で禪師は此の時、踴躍歡喜して、自己の庵室に歸つて斯の法を修することと三年、一滴の藥も用ひす遂に難治の大病を根治したのである。

かやうに尊い法であり力のあるものであるから、一度斯の法を修しやうと思ふたならば、確い決心をもつて相續堅固に進まねばならぬのである。

一、内観法の効力

身心共に强健に、精神統一に、意志は强固に、何事にも一点の申分ない様にするの道は、丁度其身を鍛え、其心を修め、心行共に完全を得て、天下に臨むも同じことである。故に斯の道が完全に行はれてこそ始めて理想の身心强健の祕法といふことが出來るのである。而して其心をして安住せしめ、体の强健を保つの方法は、内観の法を於て他に良法を見出す事は出來ないのである。

人間の精を養ふの方法は心氣をして決して、頭上に昇らしめず、下腹丹田に安住せしめて、常に心氣を穩やかに、俗事に餘り觸れないことである。かくなれば精氣は次第に增し、血液の循環宜しきを得て、心は清明に、氣力は充實し、邪氣妄想は去り内心亂るゝことがなくなり、精神は統一して、寒暑もこれを侵すことが出來ない樣になるのである。故に此の內觀法を日常修して自己を超越すれば服藥は勿論針灸の痛疼も知らず、無病に家庭の和樂は云ふに及ばず、眞の幸福を得ることが出來るのである。之に反し、內觀法其他を修せざる凡庸の人は、心氣は常に頭上に昇つて居るから、少し勉强するとか、考へるとかすれば、直ちに滿面朱を注いだ如く高潮し、精氣は溜つて、血液の循環は宜しきを得ずして、肉体は憔瘁し、精氣は衰乏して、終に命を絕つに至るのである。要するに心の置所は常に臍下丹田に濟め、腹中の血液は常時萬遍なく、身体を循環して居たならば、上部は自ら淸凉となり下部は温暖となりて、健康体の通則たる、頭寒足熱は自然に得られ、健康宜しきを得ることゝなる。

二、内觀法の堂奥

養生之要先不若錬形練形之妙在乎凝神々凝則氣聚氣聚則丹成丹成則形固形固則神全。

内観法の要領は皆この文の中に包まれて居る。

中でも凝神の二字は、定氣の二字と共に、内観法の根本となつて居る。神を凝らすと云ふことは、一口に云へば散亂せる心を纒めて一ヶ所に安住せしめることである。定氣は神を凝らすの階梯で、氣は神に至るものである故に、此の氣を先づ神を凝らすの初めに良く定めて動かさず、中に神を包まねばならぬ。此の定氣は内観法の堂奥に入る門のやうなものである。

次に愈々内観の堂奥の心境を窺ふには、五無漏の法を修するのが肝要である。五無漏と云ふのは即ち、眼耳鼻舌身の五官で、之れが即ち人間煩惱妄想邪念の根本となるのである。此の五官の働によつて起る諸種の慾を離れ、事物に支配せられないやうになつた處を五無漏の境と云ふ。

靜座觀念して心を一点に集中し、散亂せしめず、眼に種々の形を見、耳に樣々の聲を聞き、鼻に香氣を臭ぎ、舌に美味を味ひ、身に諸のものに觸ることも、其爲に種々の慾を起さず、總ての慾望邪念を顧ないやうにするのが、五無漏の法を修すると云ふのである。かくして次に六慾を退けねばならぬ。六慾とは喜怒哀樂愛惡の六つである。普通の人は此の六慾の爲に毎日毎日汲々として暮して居るのであるが、內觀法をするに至つては斷然是れを退けねばならない。

其の方法としては、確固たる精神を以て靜座數息觀念し、一心を一個所に集中すれば自然と六慾は起らなくなつて來る。

茲に五無漏の法を修し、六慾を退け、心に蟠れる何物もなく澄み渡つて、最早五官の働きもなく、如何なる音が聞ねても耳に入らず、如何なる香氣が鼻に來ても留らず、其他の諸官の働きが皆かやうに變つて來た時、妙境に入るので、即ち無想の境に入つたのである。是に於て妄念妄慮は全く絕えて人間本來の面目たる、正心眞氣は目前に現れ來たのである。

即ち前記の妄念妄慮は正心眞氣と變つて淸澄なる心氣は身体に充滿して來たる

のである。

斯くなれば、自己は天地であり、天地は自己である。天地と我とは同体なり、と云ふ境に至り、孟子が浩然の氣と云つた其の境に及ぶのである。

一体、心を丹田に藏むるといふも、養心、冥想、靜座沈念といふも、皆此の境涯に到るの方便にすぎないので、此處が內觀法の堂奥と云ふのである。

心は天地に充滿し、天地と我とが同体となるのみならず、天地を包容する其の心の當体は到底筆舌を以て説明しがたいのである。此の境涯は俗にいふ身心恍惚として無念無想、又は無我の境に入つたものとは全々趣を異にして居る。內觀法の堂奥は散亂する心をして、整然とまとめ何物が心であるかなと、自己の心が自己の心を內にとつて反して觀る法で、謂ゆる自己即眞と云ふ、其の眞を觀極める法である。故に心氣の陶然となつた無我の境ではなく、即ち恍惚の境や、沒我の境に入つたなどとは、遙に相違し內觀法の心境は、其の極致に於ても、或る何物かが歴然と存在して、而かも風波の無い境の事である。

それは陶然として死の境涯より何物かを捉へて、ウンと活き復つて來たところ成程と合点の出來た、無にして無に非ず有にして有にあらざる、有無を絶するの境地にあつて、然かも心王は確然として日輪の如き状に、到つた時の狀態である。

若し、全く此の陶然としたり無念無想の境に入つたまゝであつたならば、其境地にある間は死物も同然で、其の境を出たる時は矢張り平々凡々となるのであつて、少しも復活といふことはなく、茫然として夢より醒めたやうに、後で今のは實によい心持であつたと思ふに過ぎないもので、そんな事は幾度繰反しても三文の價値もないのである。

三、内観の方法

偖て内觀法の修業の眼目たる、定氣凝神の方法は如何にしたならば、宜しいかと云ふに、先づ最初數息觀より鍜ひあげ、心をして丹田の一個所にドッシリと据ゑ付け此處より一段の修業を加へるのである。加へると云ふても其の行法に於ては何も他に事變つた方法があるのではなく、矢張數息觀の方法によつて結伽半伽、又は正坐し、深呼吸法により心を丹田に凝集して、出入の息を數ふるのである。

唯數息觀では動もすれば、頭に昇つて來る氣を下腹丹田に控し下げる工夫であつたが、內息觀では之のみではなく、動もすれば妄念妄慮の爲に心が外に散亂するのをジット纏めなくてはならぬのである。

要するに固より恬淡無慾である心が、恬淡無慾になる事が出來れば宜しいのである。眼耳鼻舌身の五官を通じて入つて來る色々の外物は、丁度鏡にもの丶映つたやうに、一時の現象が映じて直ぐ消散して後には何物も殘らぬやうになると同樣の狀態である。故に眼に雅色を見るも、耳に淫聲をきくも、それをどうしやうの、斯ふしやうのといふ妄想は起らず、六慾は全く斷滅して心其ものになつて、一矢乱れず眞境に到達するのである。

左に大聖釋尊の其の弟子に答へられたる問答體になる。解深密經中の、禪定の極致に至る觀照門に於ける心的狀態を、現代意譯、解深密經（岩野眞雄譯著）より轉載して、內觀法修法者の參考とする。

一、心の統一　觀照

その時。聖者慈氏は釋尊に問ふやう、

『世尊よ、心を統一して、正しい觀察をしてゆくには。何によつて、又如何樣な境界に居るべきでありませうか。』

世尊『佛の大乘の敎へを依りどころとし、佛の正覺を目的とする境界に居るならば、自然に心の統一を得て、正しい觀察を保つて行く事が出來る。』

慈氏『世尊よ、然らば、世尊は私達の眼や心の上に現れる對象について、「認識の上の對象」と、「超認識の上の對象」と、「眞如」と、「眞如の活動」との四つを御說きになりましたが、心の統一と、正しい觀察とを得るには、此の何れを對境とすべきでありませうか。』

世尊『慈氏よ。心の統一を計る。即ち禪定は、超認識による對象を對象とし、正しい觀察、即ち觀照「の智慧」は、認識による對象を對象とし。又眞如と、眞如の活動に對しては。禪定と觀照と倶に其を對象とする。』

慈氏『世尊よ、佛の道に向ふものは、此の四の對境につき、如何樣にして禪定と觀照とを得るのですか。』

世尊『予が色々の手段方法によつて說く、普遍絕對の眞理について、よく聽き善く受け、よく理解し、よく思惟し。よく究め、その心の狀態を靜かに續けて行けば、身も心も之によつて快よく安らかになる。之が禪定である。此の禪定の境界を求めて行內に現れる、統一された心について、よく觀察し、理解し、認識を超越し、之れによつて覺めと、安樂と、智慧と、正しき見界と、觀察とを得る。

之が禪定によつて現れる觀照である。』

慈氏『世尊よ、單に對象を認識する心や、未だ身心の安らかさを得ない心の働きも、禪定ですか。又まだ身心の安らかさを得ずとも、統一された心について、よく思惟したならばそれは觀照そのものですか。』

世尊『慈氏よ、それは禪定でも觀照でもない。禪定と觀照に從つて起る、對象を明に分別する心の働きに過ぎぬ。』

慈氏『世尊よ禪定と觀照とは違ひますか。』

世尊『同じとも異なるとも言はれる。卽ち俱に心の自体を基とする點に於て同じであるが。禪定は超認識の對象、觀照は認識の對象を對象とする點に於て、又觀照は明に對象を辨別して行くが、禪定は辨別する素質を具へるのみであるから異ると言ふのである。

二、禪定、觀照の境地

慈氏『世尊よ、それについて、人が禪定に入り、正しい觀照を得て行く狀態はどんな有樣でありますか。』

世尊『それには五の狀態がある。一に心を整へて行く刹那刹那に、物心一切の障りを除いて眞理を發揚し、二には、一切の認識を超脫して、萬有の實体、眞如を證し、三には。萬有はただ是れ一心の現れとして、無差別の相を觀得し、之れによつて一切を識りつくす絕對智の光明を認め、四には、佛としての資格を滿して、恒に眞如のまゝなる淸淨の境界を示し、五には永恒に勝れたる因を作つて、普遍の佛身をなしてその靈能を發揮して行くのである。』

慈氏『世尊よ、又如何樣な境界から、禪定に入り、觀照を得たと云ふのでありませうか。』

世尊『聖者が佛の正覺を得る迄の、五十二の階位の中、第四十一位の「歡喜地」に至つて、禪定と觀照とを究め盡し、第四十三位の「發光地」に於て完全に其の靈能を体得する。而して未だ機根の劣つて遠く及ばぬ聖者さても。之に随つて學び之について心を調へて行つたならば、漸次にその境地を進め得るのである。』

三、聖者證悟の十別

聖者觀自在・釋尊に問ふやう、
『世尊よ、世尊は佛の道を体得する聖者について、

第一　歡喜地
第二　離垢地
第三　發光地
第四　焔慧地
第五　極難勝地
第六　現前地
第七　遠行地

第八　　不動地

第九　　善慧地

第十　　法雲地

の次第に向上して行く、十位の順序と、その上の佛としての實在とについてお

ときになりました。此の順序と、證悟の範圍について、更に御敎示をねがひます。』

世尊『先づ常人が、經典を讀み、敎を聽き、思ひ行ふことによつて。よく眞理

を理解し、入信の歡びをなして、

○第一歡喜地に入り、而も未だ微細な迷ひを殘して、知るまゝに行ふことが出來

ぬ事によつて、勤めて迷ひを離るゝ、

○第二離垢地に入る。而も其の信解を一切に即して永く保ち難く、之によつて、

求道を進むる智慧の光を增して、

○第三發光地に入り、茲に於て智慧の輝を加ふるとも、未だ体得するところの證

悟は確定せず。眞理に對し愛着の念を懷く。こゝに於て更に其の智を火焔の如くして、一切の煩惱の薪を燒いて、
○第四焔慧地に入る、而も未だ迷悟、生死の差別に泥み、正覺に至る修業方法に完全せず、ここにその艱難を排して、
○第五難勝地に入る、而も未だ生死流轉の因について、明ある觀察をなし得ず、生死の苦を厭ふことによつて、空、無相の眞義を完全に保ち難く、之によつて現前に其を觀得して、
○第六現前地に入り、こゝに於て無相の意義をよく保つとも、而も未だ、永く之を得てその力を發揮し得ず、之によつて勤めて萬象實在の迷執より遠ざかつて
○第七遠行地に入る、而も此の位に入るとも、未だ無相の力に執着して、眞に自由なる無相の働きを得ず、ここに於て勤めて、無相の眞義を確立して、
○第八不動地に入る、こゝに於て有無の二見を超越するとも、未だ有の差別に於

て、一々に之を分別し指示する宣説の智慧を得ず、之によつて有無両界の大自在、大智慧を得て、

○第九善慧地に入る。この位に入るとも、而も未だ一切を究竟する眞如の相を体得し得ず、こゝに於てか進んで眞如を体現する、廣大なる普遍の佛身を示現して、雲の如く一切の煩惱の障を覆ひて、

○第十法雲地に入る。而して尙進んで、一切の煩惱を斷ち、自由無礙ある力作を示して、自ら佛となる。こゝに第十一佛地は顯現して絕對、普遍、自由なる佛身、正覺を体現する。

觀自在よ、すべての聖者は、此のやうにして、十一の悟りの階位の中で、二十二種の愚癡と十一種の煩惱とを順次に除き、又煩惱の潜在する三種の作用については前五地と、第六七地と、第八地以上とに於て順次に除き、清淨の極をつくして佛の正覺を得るのである。

然し觀自在よ、總じて之を言へば、十地の位に入つた聖者が起すそれすらの煩惱の特質としては、既に第一地に於て、すべての現象の起滅の次第を知りつくす事によつて起すので、知らぬ爲に起すのではない。つまり煩惱と言ふても、一切に同じくする爲めの煩惱で、それ自らに苦を招き、過ちを生ずるものではない從つて煩惱そのものにすら、無量の功德があるのである。』

觀自在『聖者の起すものは、煩惱すら、他の悟りの及ばぬすべての生類や、小乘の者等の善事に勝れてゐるとかれる。なんといふ尊とい事であらう。

世尊よ。然らばそれらの煩惱を斷たれるのには。幾何程の時を費されるのですか。』

世尊『それは人の考への及ばぬ程の永い時によつて斷つ事もあるし。或は一年、一月、晝夜、一時、半時、一瞬、一剎那など色々の時によつて斷たれるのである。』

以上の解說は皆心を土台として、修養の淺地より、堂奧に至るの心的狀態と邁進の心とを說いたものである。內觀法の堂奧の心的狀態と對照して參考せられよ、必ず得るところがあると思ふ。

第九章　白隠禪師の「遠羅天釜」

鍋島攝州侯近侍に答ふる書

日之昨は遠路御使札忝御勇健にて朝鮮人御馳走首尾よく相濟御安堵の旨一段の御事に候　草廬恙なく罷在候是又高慮を勞せられ間敷候、且つ又動靜二境の上に於て御工夫怠慢なく、御心掛なされ候條珍重の御事に候、其外に書中に仰越れ候件逐一老僧か野情に相契ひ、御奇特千萬の御事如何許り悅び入り候總じて一切の修行者精進工夫の間に於て、心掛惡く侍れば動靜の二境に障られ昏散の二邊　隔られ、心火逆上し、肺金痛み悴け元氣虛損して難治の病症を發するも間々多き事に侍り、又内觀の眞修に依て能々修練致し侍れば、至極養生の祕訣に契つて心身堅剛に氣力丈夫にして、萬事輕快に法成就にも到る事に候去程に大學調御も阿含部に於て、右の趣を委しく教諭此あり、天台の智者大師も其の大意を汲で摩訶止觀の中に丁寧に示し置れ侍り、書中の大意は縦ひ何分の聖教を披覧し何分の法理を觀察し、或は長坐不臥し或は六時行道すと云ども常に心氣をして臍輪氣海丹田腰脚の間に充しめ塵務繁絮の間賓客揖讓の席に於ても片時も放退せざる時は元氣自然に丹田の間に充實して臍下瓠然たる事未だ篠打せざる鞠の如し、若人養なひ得て斯の如くなる時は、終日坐して曾て飽ず終日誦して曾て倦ず終日書して曾て困せず終日説て曾て屈せず、縦ひ日々に萬善を行ずと云ども終に退惰の色なく、心量次第に寛大にして氣力常に勇壯なり、苦熱煩暑の夏の日も扇せず汗せず、玄冬素雪の冬の夜も蔑せず爐せず、世壽百歳を閲すと云ども歯牙轉堅剛なり怠らざれば長壽を得、若それ果して斯の如くならは、何れの道か成ぜざる、何れの戒か持たざる、何れの定か修せざらん、何れの徳か充ざらん、若し又如上の故實に達せず、眞修の祕訣を諳んせず、妄りに自ら悟解了知を求めて觀理度に過ぎ思念節を失する時は、胸膈否塞し、心火高ぶり上り、兩脚氷雪の底に浸すが如く、雙耳溪聲の間を行に齊うして、肺金痛み悴け水分枯渇して終に難治の重症を發して命根も亦保ち難きに至る、是たゞ眞修の正路を知ざる故なり、寔に悲むべし、蓋し摩訶止觀の中に假緣止、諦眞止と申す事の侍り、只今申し談ずる內觀の法とはかの假緣止の大略にて侍り、老夫も若かりし時工夫趣向惡く心源湛寂の處を佛道なりと相心得、動中を嫌ひ靜處を好んで常に陰僻の處を尋ねて死坐す、假初の塵事にも胸塞り心火逆上し、動中には一向に入る事得ず擧措驚悲多く、心身鎭へに怯弱にして兩腋常に汗を生じ、雙眼斷えず涙を帶ぶ、常に悲歎の心多く、學道得力の覺えは毛頭も侍らざりき、何の幸ぞや、中頃よき智識の指南を受て內觀の祕訣を傳受し、密々に精修する者三年從前難治の重痾はいつしか霜雪の朝曦に向ふが如く次第に消融し、宿昔齒牙を挾む事得ざる底の難信難透難解難入底の惡毒の話頭は病に和して氷消し、今歲從心の齡を經と云ども三四十歳の時より氣力十倍し、心身ともに勇壯にして脇席を濕さず恣に偃臥せざる者動もすれば二三七日を經る事間此あれども、心力衰減せず三百五百の燕頭虎頓に圍繞せられて經論を講演し語錄を評唱して、三句五句を經れども曾て疲倦の色なき者は自ら覺ゆ此内觀の力による事を、初め養生を第一とし、内觀工夫の間求めざるに不慮の省悟得力幾度と云ふ數を知らず、唯動靜の二境を嫌はず取らず密々に進修しもて行事第一の行持に侍り、往々に靜中の工夫は思の外に捗行樣に思はれ、動中の工夫は一向に捗行ぬ樣に覺えらるゝ事に侍れど、靜中の人は必ず動中には入事得ず、たま〳〵動境塵務の中に入る時は平生の會處得力は迹形もなく打失し、一點の氣力無して、結句尋常一向に心がけ、これ無人よりは劣りて芥許りの事にも動轉して思の外に臆病なる心地あつて與怯の働も間多き者に侍り然らば則ち何を指てか得力と云んや、去程に大慧禪師も動中の工夫は靜中に勝る事百千億倍すと申し置れ侍り、博山は動中の工夫成じ上らざる事一百二十斤の重擔を荷つて羊額嶺頭に上るが如しと申されき、蓋かく云ばとて靜中を捨嫌つて故意に動處を求め給へと云にはあらず、唯動靜の二境を覺えず、知ぬ程工夫純一なるを貴とす、所以に云眞正參禪の衲子は行て行く事を知ず坐して坐する事を知らずと、中に就て眞實自性の淵源に徹底して、一切處に於て受用する底の氣力を得んとならば動中の工夫に越たる事は侍るべからず、譬ば玆に何百兩の黄金あらんを、人をして守護せしめんに室を閉扉を鎖して其傍に坐し守て、人にも取れず奪れずとて、中々氣力有んずる者の手柄とも働とも申さるべき事にし非ず是を二乘聲聞の自了偏枯の修業に比す、又一人有り群盜蜂の如くに起り、凶黨蟻の如くに馳廻らんず中をかの金を持して何某の處まで贈り届けよと命ぜられたらんに、彼の男膽氣あつて大劍を挾み脛高く褰げかの金を取て棒頭に突掛け、打傾て一交もせで彼所へ贈り届けて少しも恐るゝ氣色なくんば、天晴甲斐甲斐しき働き大丈夫の氣象とも稱嘆すべき事なり、これを圓頓菩薩の上求菩提下化衆生の眞修に比す、何百兩の黃金とは正念工夫堅固不退の大志を云り、群盜蜂の如く凶黨蟻の如しとは、五蓋十纏五欲八邪の妄念を云り、彼男とは眞正參禪圓頓究竟の上士を云り、何某の處とは常樂我淨の四德具足大寂彼岸の寶所を云り、この所以に言眞正參玄の衲子聲色堆裏に向て坐臥すべしと、往々に古の二乘聲聞なりとて輕しむれども、見道の力も智德の光も今の世の人々の及ぶべき事にし侍らず、只修行の趣向あしく空閑の處をのみ好みて、都て菩薩の威儀を知らず、佛國土の因緣なき故に、如來は疥癩野干の身に比し淨名に焦芽敗種の部類なりと呵責し玉ひき、三祖大師の宣はく「一乘に趣かんと欲せば六塵を惡む勿れ」と是又六塵を數奇好めとには非ず、水鳥の水に入ども少しも翼の潤はざる如く、平生六塵の上に於て取らず捨ずして間斷なく正念工夫相續せよとの心にて侍り、若又一向に六塵を避八風を恐れば、覺ず二乘の臼窠に墮して、永く佛道を成ぜじとなり、永嘉大師は「欲に在て禪を行ず知見の力、火裏に蓮を生ず總に壞せず」と宣ひき、是亦五欲に耽着せよとの心にて侍らず、五欲六塵の上に在ても蓮の泥土に汚されざるが如く、純一に受用せよとの心にて侍り、然るに山林野外に在て一食卯齋し、六時行道する人さへ達業純一になる事能はず、況や夫婦昆弟の間に交り塵務紛然たる巷をや、若それ是見性の眼なくんば毫釐も相應する事能はじ、是故に達摩大師云く若欲覓佛須見性と、若又忽ち諸法實相唯有一乘の知見を開かば、六塵即ち禪定五欲即ち一乘なるが故に、語默動靜常に禪定中なるべし、若果して然らば、彼山林に在て禪を行する底と得力霄壤の間を隔てん、火裏の蓮とは世間希有の行者なりと稱歎し玉ふにしあらず、永嘉は天台の三諦即一の堂奥に達し、止觀の修行は精く鍛錬し玉ひたれば、傳中にも四威儀に常に禪觀に冥すと稱歎したる程なれば、片言隻字といへども中々容易の事に非す、四威儀に常に禪觀に冥ずとは、四儀即ち禪觀禪觀即ち四儀なるに冥合したる境界を云り、彼菩薩は道場を起すして諸の威儀を現すと説たまひしと同一模範なり、それ蓮は水中にさける華なる故に、火邊に近付時は立處に枯凋事なり、然れは火氣は蓮には上もなき敵藥ならすや、然るに火裏よりさき出たらん蓮は烈火に向ふ程いよ〳〵色香を增して麗はしかるべし、彼五欲を避嫌つて最初より修行したらん人は、縱ひ我法の二空に通じ見道如何許り明かなりとも、靜中を離れ動中に向ふ時は蜆蝦の水を失へるに等しく獮猴の林樹を離れたるに似て、半點の氣力無して左ながら水中の蓮の火氣に逢つて忽ち凋枯するが如けん、若又平生六塵の上に於て精彩を著け純一無雜打成一片にして毫釐も錯らす、彼何百両の黃金を亂世の時贈り屈し人の如く猛く甲斐々々しき氣象を押立て、片時も間斷なく勵み進みたらんには忽ち自心の源底を掀飜し、生死の命根を踏斷して虛空消殞し鐵山摧る底の大歡喜あらん、彼火裏よりさき出たる蓮華の火氣に逢うて、うたゝ色香を增すが如けん、何が故ぞ火氣卽ち蓮華、蓮華卽ち火氣なる故に、只返々も內觀眞修寔に放過すべからざる至要なり、內觀の眞修とは吾此臍輪以下丹田氣海及び腰脚足心、總に是趙州の無字無字何の道理かある、吾この臍輪以下丹田氣海及び腰脚足心總に是自巳本來の面目、面目の鼻孔何れの處にかある、吾此臍輪以下丹田氣海及び腰脚足心總に是吾唯心の淨土、淨土何の莊嚴かある、吾此臍輪以下丹田氣海及び腰脚足心、總に是吾己身の彌陀、彌陀何の法をか說く、吾此臍輪以下丹田氣海及び腰脚足心總に是吾本分の家鄕、家鄕何の消息かあると咳唾掉臂寤時寐時男子たる者の思ひ立たる事を遂げずや置べき、仕果すやあるべきと決烈勇猛の大憤志を震つて間もなく進み給はゞ、平生の心意識情すべて行はれず、胸襟分外に清涼に分外に皎潔にして萬里の層氷裏があるが如く、縱ひ亂軍の場に入り歌舞遊宴の歌吹海に入るといへども人なき處に在が如く、雲門大師の氣宇王の如しと道底の大機は求めざるに煥發せん、此時に當つて諸佛衆生もと是幻生死涅槃猶如昨夢天堂地獄を徹見し、佛界魔宮を銷融し佛祖の正眼を瞎脚し、 恣 に百千無量の法門微塵恒沙の妙義を說き宣、一切の含識を利益し塵沙劫を經て退屈せず永劫大法施を行じて、曾て乏しき事なく空華の萬行を展開し、谷響の度門を建立し臂に奪命の神符を掛け、口に法窟の爪牙を咬み鳴らして十方參玄の衲子を惱害し、釘を拔き楔を奪つて毫釐も假事なく、一個半個牙劍樹の如く口血盆に似たる底の凶惡無義の鈍隋漢を打出して、以て佛祖の深恩を報答す、是を佛國土の因緣菩薩の威儀と云ふ、是はこれ萬夫に傑出する底の大丈夫見生平の懷素なり、彼寂靜無事の處に在て識神を認得して見性なりと相心得楷磨淨盡して以て足りとする底の無眼禿奴の族は、夢にも嘗て見る事を得んや、是等の族は終日無爲を行じて終日有爲を打し、終日無作を行じて終日有作を打す、何が故ぞ見道分明ならず親しく法性の實際を窮ざる故に惜べし、再び得難き一生を盲龜の空谷に入が如く鬼の棺木を守るに似て、やみ〳〵と過了て苦しかりし三塗の舊里へ懲もなく、立歸らん事皆是進修の指南惡く見性本より眞ならざるが故に一生空く心力を勞し盡して、終に方寸の功を立る事能はす寔に憐むべし、去程に時宗一遍上人の如きは鉦子を頸に打掛念佛しながら、一度三塗に入ぬれば再ひかへる事ぞなきと打泣く〳〵、東は奥州出羽の果西は筑紫博多の浦の奥までも告廻り給ひけるが、終に由良の開祖に見て往生の太事を決定し給ひけるとぞ、寔に貴き芳躅ならずや、つら〳〵入界の始終を思ふに、天上に生ずべきには福力足らず　三塗に墮すべきには罪業足らず、終に此娑婆穢土の生を感得す、ろの中國王大臣長者居士等の人々は前生多少の善緣を修し、許多の勝因を植ゑ來れども天上へ生ずべきには福力足らずして、今大饒富貴の家に生れて臣妾を前後に從へ寶財を左右に束ねて何の辨へもなく、萬民を憐まず士庶をも惠まず憍奢の心のみ多〳〵て今日も惡業惡因明日も亦殺業苦種多少の福德を擔ひ來つて徒に空華の榮輝をのみ極めて、限もなき罪業に仕かへて擔ゐて果しもなき惡趣の巷へ立ち歸り玉ふは、世間に限りもなき事に侍り、只返す〳〵も内觀の祕要を捨ておかす熟錬是あるべし、内觀の眞修は第一養生の祕術にして仙人錬丹の大事に契へり、ろの初は金仙氏に起つて中頃天台の智者大師に至つて、摩訶止觀の中に精しく口授し玉へり、吾壮年の頃ほひ是を道士白幽先生に聞けり、白幽は城州白川の巖窟に隱れて閲壽齡二百四十歲を閲すと、時の人是を稱して白幽仙人と云ふ、故の丈山氏の師範なりと、幽が言に曰く大凡生を養ふの術上部は常に淸涼ならん事を要し、下部は常に溫煖ならん事を要す、須く知べし、元氣をして下に充しむるは是生を養ふ至要なる事を、往々に神丹は五行合て錬と云ふ事をのみ聞いて、水火木金土の五行は卽ち眼耳鼻舌身の五根なる事を知らす、五根を聚て神丹を錬とは如何なる事ぞとならば、蓋五無漏の法あり、眼妄りに見ず耳妄りに聞す、舌妄りに言はす身妄りに觸す、意妄りに思慮せざる時は、混然たる本元の一氣湛然として目前に充つ、是卽ち彼孟軻氏の謂ゆる浩然の一氣なり、是を引て臍輪氣海丹田の間に收て歲月を重ね是を守つて守一にし去り、是を養つて無適にし去時覺えす丹竈を掀翻して、内外中間八紘四維總に是一枚の大還丹自己卽ち是天地に先つて生せす、虛空に後れて死せざる底の長生久視の大神仙なる事を覺得せん、茲に於て大洋を攪いて酥酪となし、厚土を變じて黄金とす、是故に言『還丹一粒鐵を點じて金と成す』白玉蟾が曰く『生を養ふの要は先づ形を練るに若かず、形を練るの妙は神を凝すにあり、神凝れば即ち氣聚る、氣聚れば則ち丹成る、丹成れば則ち形固し、形固ければ則ち神全し』と須く知るべし、丹は果して外物に非る事を、蓋し地に玉田あり、粱田あり、玉田は珠玉を産するの地、粱田は禾稼を成ずるの場、人に氣海丹田あり、氣海は元氣を收養ふの竇所、丹田は神丹を精練し、壽算を保護するの城府なり、古に云く『江海、能く百谷の王たる所以は其の善く之に下るを以てなり』滄海既に萬水の下を占て百川を含容して増減なし、氣海既に五内の下に居して眞氣を收て飽事なし、終に神丹を成就し仙都に入る、丹田なる者一身三號吾謂ゆる丹田は下丹田なる者なり、氣海丹田各々臍下に居す、一實にして二名あるが如し、丹田は臍下二寸氣海は寸半眞氣常に此内に充實して、身心常に平坦なる時は世壽百歳を閲すと云ども、鬢髮枯れず齒牙動かず眼力うたゝ鮮明にして皮膚次第に光澤あり是即ち元氣を養ひ得て神丹成熟したる効驗なり、壽算限り有べからず、但し修養の功の精麤如何に在らくのみ、古の神醫は未だ病ざる先を治す、よく人をして心を攝め氣を養はしむ、庸醫は是に反す、巳に病の後を見て針灸藥の三を以てこれを治せんとす、救ざるもの多し、夫凡精氣神の三の物は一身の柱礎なり、至人は氣を惜んで使はす、蓋し生を養ふの術は國を守るが如し、神は君の如く精は臣の如く氣は民の如し、夫その民を愛するは其國を全うするゆゑんなり、其の氣を惜むは其身を全うするゆゑんなり、民散する時は國亡ぶ、氣竭る時は身死す、此故に聖主は常に心を下に専にし、庸主は常に心を上に恣にす、上に恣にする時は九卿寵を恃み、百僚權に傲つて晉て民間の窮枯を顧る事なし、歛臣貪り掠め酷吏僞剝、野に菜色多く、國に餓莩倒る、賢良潜み竄れ、臣民瞋り恨み終に民庶を塗炭にし、國脈永く斷ゆるに至る、心を下に専にする時は、常に民間の勞疲を忘る事なく、民肥え國强く令を違するの臣民なく、境を侵の敵國なし、人心も亦然り至人は常に心氣をして下に充しむ、此故に七凶内に動事なく、四邪外より侵す事能はす、營衛充ち心神健なり、身終に針灸の痛痒を知ざる事强國の民の匂斗の聲を聞ざるが如し、岐伯昔し黄帝の問に答ふ、恬淡虚無なれば眞氣これに從ふ、精神内に守らば病安よりか來らんと、今の人は此に反す、生より死に至るまで、主心片時も内を守る事なし、主心とは何物と云ふ事をさへ知らす、無智なる事犬馬の日々に足に任せて走るが如し、危いかな、兵家に云すや驚悲妄りに起るは主心定らざる故なりと、蓋し主心内に守る時は憂悲恐怖妄りに生ずる事なし、若人片時も主心なき時は死人に如同す、或は放辟邪侈至らずと云ふことなし、譬へば是に一箇の舊宅有んに、衰朽疲困凍餒貧窶の老女たりと云ども、主の有んずる家へはゆへ無うして他の人妄りに出入する事叶はず、其家もし主人を失する時は賊盗も潜み休ひ、乞兒も亦來り宿し孤兎競ひ走り、狸貉竄れ睡る閑神晝さけび野鬼夜吟す、千妖百怪群邪の窟宅とならん、人身も亦然り、正念工夫の主心臍輪氣海の間に磐石などを淘居たるが如く、凛然として主張する時は一點の妄念情量なく、半點の思想卜度なうして、天地一指萬物一馬、厚重山の如く寛大海の如くなる底の一員の大丈夫、佛祖も手を挾む事能はず、魔外も窺ひ知る事得ず、日々に萬善を行じて以て倦事なし、謂つべし、眞正報恩底の佛子なりと、其人忽ち邪境に奪はれ妄緣に引れて覺えず正念工夫の主心を打失す、是を忽然念起名爲無明と云、煩惱の邪魔蜂の如くに起り、郁見の妖魅蟻の如くに競つて四大夢幻の廢舍五蘊空華の朽宅忽ち化して魔魅の住處となりぬ、千態萬狀日々に幾萬種の生死ぞや、外面は高蹈たる君子の風標あれども、內心は夜叉の變態多きが如し、心土は鎭へに八島の合戰より苦しく、胸中は常に九國の兵亂よりも煩はし、恰も長者火宅の譬へに等し、是を生死常沒の業海と云、若夫正念工夫の船筏精進勇猛の櫓帆なくんば、識浪情派の急流におし浸されて、臭烟毒霧の暗區を越得て四德の彼岸に到る事を得んや、悲い哉人人如來の智慧德相を具足して少しも缺事なく、箇々佛性の如意寶珠を圓備し鎭へに大光明を放つて娑婆卽寂光の淨刹毘盧法性の眞土に住みながら、慧眼すでに盲たる故に、娑婆なりと見錯り衆生なりと思ひ違へて、得難き人身、逢ひ難き一生を闇々と牛馬などの無智昏愚なる如く、何の辨もなく明かし暮して、苦しかりし三塗悲しかりし六趣の巷を吟ひ遶りて、少しも變遷あらざる舍那常寂の眞土を把へて地獄なりと恐れ迷ひ、無間なりと泣き苦しむ、是只よの常とるにも足らぬ斷無の小見に傲り片腹痛き少許の口耳の學解に傲て、佛法を信ぜず正法を聞かず、虛口をのみ利て正念工夫の主心を片時も守る事なき人々のなれの果なり、悲みても尙悲しむべきは流轉永劫の罪累、恐れても尙恐るべきは生死長夜の苦果なり、天下の三聖人なりと崇られさせ給ふ、延喜天暦の帝さへ焦熱の猛火に黑ませ給ふを笙が岩屋の日藏上人はまのあたりに見上りたりしに、我は粟散小國の王たる事を恃み、憍慢甚だしかりし罪にて斯は成たるぞと宣けるとぞ、敏行の朝臣は和漢の才に長じ手迹麗しくおはして法華經二百部まで書寫し給ひたれども、正念工夫はおはさぶりければ、苦趣に墮して紀の友則の許に來りて、救ひを乞給ひけるとぞ、又本朝無雙の名將也と稱せられ給ひて目に餘りたる朝敵を從へ、至尊の宸襟を休め奉り、南都北京の貴僧高僧も加持しあぐみたりける天子の御惱を弓のすびきして弦音にて掻拭ひたる如く治し上りたる程の八幡殿さへ、閻王の廳に跪づき給ひ、多田の滿仲は病中閻王の使に召されて冥府の有様を見了り蘇生し、殊の外に恐怖し給ひて直ちに六角堂に入入道し念佛し給ひけるに、汗と涙と疊を打透しけるとぞ、六國を併呑し四海を囊括して八蠻の外までも震ひ恐れたりける秦の莊襄王も、鬼趣に墮して苦を受け、周の武帝は鐵梁の責を受け、梟雄天下に聞ねたりける秦の白起は糞泥獄に沈みて後明の洪武の始め呉山の三茅觀なる處に於て雷、白き蜈蚣の長け尺餘なるを震殺しけるに、背に白起と云る文字ありくと記しき由罪業の空じ難き事知ぬべし、謂事なかれ塵務繁絮にして參禪に暇なく、世事繽紛として工夫續き難しと、須く知るべし眞正參禪の衲子の前には塵務なく、世事なき事を、譬へば玆に一人あらんに、人目往來絡繹たる巷稠人廣衆の中に於て錯つて二三片の金子を遺落したらんに、人目しげしとて棄てや置べき、物騷がしとて尋ねずやあるべき、多くの人々を押わけかいくゞつても一回尋ね出して我手に入ざらん限りは、心頭休罷する事能はじ、然らば即ち塵務繁しとて參禪を怠り、世事煩はしとて工夫を廢せん人々は諸佛無上の妙道を以て、彼兩三片の黄金程には貴び惜まざる者に非ずや、塵務の上世波の間に於て彼黄金を遺落したりし人の如く專一に空明したらんには誰か歡喜の眉を開かざらんや、此故に妙超大師曰く「見るやいかに加茂のきをひの駒くらべ、かけつかへすも坐禪なりけり」と眞珠庵主は此意を述して看經すべからず坐禪すべし、掃地すべからず坐禪すべし、茶の實種べからず座禪すべし、馬に乘るべからず座禪すべしと、これは是眞正參禪底の古實あり、吾正受老人常に云く、不斷座禪を學ばん人は、殺害刀杖の巷、號哭悲泣の室、相撲掉戲の場、管絃歌舞の席に入ても、安排を加へず、計較を添へず、束ねて一則の話頭と作して、一氣に進んで退かず、譬へば阿修羅大力鬼に肘臂を捉られて、三千大千世界を繞る事千回百匝すと云ども、疋念工夫片時も打失せず、相續不斷なる是を名て眞正參禪の衲子とす、十二時中只面皮を冷却し眼睛を瞠却して、毫釐も人情を交へざれと寔に貴ぶべし、兵法には亦云ずや、且戰ひ且耕す是萬全之良策也、參學もまた爾り、工夫は且戰ふの眞修、內觀は且耕の至要、鳥の雙翼の如く車の兩輪の如し、內觀の秘訣は、予向に江湖參玄の衲子の爲に夜船閑話に書し了れり、予常に此等の趣きを以て衲子の禪病を救ふ事幾人と云數を知らず、中に就て重症必死に向んとする者八九を治す、學者必ず內觀と參學と共に合せ並べ貯へて以て生平の本志を成せよ、學道の人縱ひ參じて五派七流の大事を究得るとも、若夫れ短壽ならば何の用を成すに堪んや、縱ひ又內觀の力に依て彭祖が八百の歲時を閱すと云とも、若し夫れ見性の眼無んば唯是れ一箇老大の守屍鬼何の好事かあらん、若し又枯坐默照を以て足りとせば、枉て一生を錯り大いに佛道に違せん、只佛道に達するのみに非ず、大に世諦もまた廢せん、何が故ぞ若夫諸侯大夫は朝覲を怠り、國務を廢して枯座默照し、武夫は射御を疎にし武術を忘れて枯座默照し、商賈は戸店を鎖し算盤を碎て枯座默照し、農夫は犁鋤を擲ち耕耘を止めて枯座默照し、工匠は繩墨を捨て斧斤を抛つて枯座默照せば、國衰へ民疲れ、賊盜頻りに起つて國それ危からんか、然れば則ち衆民瞋り恨て必ず云ん、禪は窮めて不祥の大兆なりと、殊に知ず古へ禪林の盛なりし時南嶽、馬祖、百丈、黄蘗、臨濟、歸宗、龐谷、興化、盤山、九峯、地藏等の諸聖搜石搬土、水薪菜蔬、作務普請の皷を鳴して專ら動中の得力を求む、此故に百丈大師曰く「一日作ざれば一日食はず」と、是を動中の工夫不斷座禪と云ふ、此風近代地を掃つて盡、蓋し斯いへばとて坐禪を嫌ひ靜慮を謗るにし非ず、大凡一切の賢聖古今の智者、禪定に依ずして佛道を成就する底半箇も亦無し、夫れ戒定慧の三要は佛道萬古の大綱なり、誰か敢て輕忽にせんや、然るに向に謂ゆる禪門の諸聖の如きは、超宗越格眞正無上の大禪定擬議するときは、卽ち電轉じ星飛ぶ、羝羊の眼狐狸の智、如何ぞ敢て窺知る事を得ん、縱ひ又默照枯座して立地に成佛し、立地に大光明を放つ底の好事ありとも、諸侯大夫子庶民家萬般の公務千般の家事ある何の暇ありてか片時も打座する事を得んや、此に於て病と稱して公務を遁れ、家業を廢して三五七日一室を閉ぢ戸扉を鎖して、幾枚の蒲團を重ね一枝の香を挾んで座すと云ども、平生の塵務に疲れて、一寸座すれば一丈睡り、三合の座禪には千萬斛の妄想を集む、既にして眼を瞠り牙を咬み拳を握り梁骨を豎起して、座すれば萬般の邪境頭を競つて生ず、茲に於て額を攅め眉を皺めて覺ねず悲泣して曰く、官途道業を妨げ仕路禪定を障ふ、如かじ官を辭し、印を解て水邊林下寂寞無人の處に在て、恣に禪觀を修し永劫の苦輪を遁んにはと、大に錯り畢れり、大凡人の臣たるの道は主君の飯を喫して主君の衣を纏ひ主君の帶を結で、主君の刀を帶、水も亦他處より擔ひ來るに非ず、耕さずして食ひ、織ずして纒ふ、身體手足髮毛爪齒總に是君恩の所成なり、恁麼にして成長し來つて三四十歳に至つて主君の政事の助け、專ら王佐の才を抽んで君を堯舜の君にし、民を堯舜の民にし專ら君恩に報答すべき時到つて、袖裏に密に念珠をつまぐり、口頭幽に佛號を唱へて、出仕に懶く公務を怠り、方寸の君恩に報答すべき心もなくて、動もすれば病と稱して退かんとす、恁麼の志行にして縱ひ三年五歳、陰僻の處に在つて精錬刻苦し、思想盡き情念止に似たりと云ども、肝膽傷み悴け、心上常に恐怖多く、鼠糞の落るを聞ても胸間裂るが如し、大將にも諸卒にも何の專途にか立べき、萬一國家の大事あらんにかゝる人々を引て、一虎口の門戸を堅めたらんに、敵軍潮の如に湧き旌旗雲の如に覆ひ、火砲は雷の落かゝるが如く響きわたり、貝鐘は山も崩るゝ許り轟き鳴り、戈戟は氷の如く拔き連たるを見聞かば、飲食咽に入ず、混震にふるへて手綱とる事さへ叶はで、鞍つぼにすがり平て、動もすれば自ら震ひ落んとす、果は步兵の爲に獲らる。何が故ぞ斯の如くなる、只是三年五歳寂默枯坐の致す所なり、縦ひ熊谷平山などが如き勇士也とも斯の如く修行したらんには豈に震へざらめや、此故に祖師大悲善巧有てこの正念工夫不斷坐禪の正路を指す、諸侯は朝覲國務の上、士人は射御書數の上、農民は耕耘犂鋤の上、工匠は繩墨斧斤の上、女子は紡績機織の上、若し是正念工夫あらば直に是れ諸聖の大禪定。此の故に經に曰く、『資生產業皆な實相と相違背せず』若正念工夫無んば、老狸の空穴に眠るが如ん、悲むべし此道今人棄て土の如くなる事を、往々に我法二空の黑闇谷を認得て、向上最上の禪ありとして日々眉を皺め額を攅て死蠶の繭中に在が如く、祖庭は遙に雲煙を隔つ、佛經を嫌ふ事は跛鼠の猫兒を避るが如く、祖錄を忌む事瞎兎の虎聲を聞に似たり。殊に知らず此は是二乘帝沒の舊窠相似の涅槃なる事を、此故に宗峰大師曰「三年までわれも狐の穴にすむ今ばかさるゝ人も理り」と悲歎し給ひき。去程に璧公は此れを『困魚箔に止り病鳥蘆に栖む』少き安事を知つて、大に安事を知らず』と呵し給ひき、眞正參玄の上士は入理の淺深如何ん、見道の精麁如何んに在らくのみ、誰か爾が在家出家を擇ばん、誰か爾が朝市山林を論ぜん、古への相國公美、大夫陸亙、尙書陳操、都尉李公、楊公大年、張公無盡等の諸君子の如きは、見性わが掌上を見るが如く參玄わが肺腑より出るが如し、佛海の深源底を蹈飜し禪河の毒波浪を並呑す、智鑑高明、識量寬大、閑神恐れ走り、野鬼悲しみ潜む、各々朝廷の政事を助けて天下を泰山の安きにおく、誰かその堂奥を見ん、張公の如きは官、宰輔にのぼり、位人臣の頂を極む、王佐の才豊にして、君信じ臣貴み、士敬して民懷く、天膏雨を下し、君淋字を賜ふ、壽百齡に近うして澤を四海に流へ、民堯年の秋に傲り、人舜日の暄を負ふ、上君恩に報答し、傍はら法寶を鎭護す、寔に天下の人傑なり、此故に言『家に在つて道を成す張無盡、祿を食み禪を究むる楊大年』と實に千歲の美談ならずや、蘇內翰黃魯直張子成張天樂郭功甫等其餘の老夫が未だ見聞せざる底の諸君子豈にそれ際限あらんや、見道各々林下の人に超過す、常に萬機の政務を佐け、肩を萬國の衣冠に交へて、銀魚金龜の朱紫、貴海中に立ち禮學射御の間だ進退揖讓の席に臨で、片時も道情を打失する事なく、遂に祖庭の玄徹に徹證す、これ皆正念工夫不斷座禪の靈驗ならずや、佛道微妙の深恩ならずや、祖庭孤危の威德ならずや、彼の默照枯坐を足れりとし、心源靜寂を禪なりとして、丘壑に餓死する底の類と寔に霄壤の間なり、これ謂ゆる尖兎を得ざるのみに非ず、鷹子も亦打失する者に非ずや、何が故ぞ徒らに見性する事能はざるのみに非ず、主恩も亦廢す、太だ憐むべし、寔に知る德力の淺深は進趣の當否に依る事を、工夫若し一人と萬人と戰ふ底の氣力あれば、豈にそれ林下と室家とを擇ばんや、若それ見道は特り林下の人のみに在といはゞ、民の父母たると人の臣たると、人の子たるとは望を其間に絕んか、縱ひ林下に在とも道業密ならず、志念純ならずんば何ぞ室家に異ならん、縱ひ又室家に在とも志願濃厚に操履堅實ならば、何ぞ林下に異ならんや、此故に言ふ「思ひ入る心の中に道しあらば、よしや芳野の山ならずとも」と只兎に角にも諸大將の心がけ給はらんずる坐禪は此の正念工夫の不斷座禪に超えたる事は侍るべからず、此は是二百年來廢れ果たる古實にて侍り、何をか正念工夫と云ぞとならば、咳唾掉臂動靜云爲、吉凶榮辱得失是非、束ねて一則の話頭となして、臍輪氣海丹田の下に鐵石の如くに突据ゑ、本尊には即ち大樹君、諸侯大夫は吾同業影向の諸菩薩衆、近習外様の大小の諸臣は吾が舍利弗目連等の二乘の大弟子衆、士庶萬民は吾が赤子の如くなる所化の衆生なりと思して、專ら仁恕の心これあるべし、袴肩衣は直に是、七條九條の大法衣、兩口の打物は禪板机案、馬鞍は一枚の座蒲團、山河大地は一個の大禪床、上下四維十方法界は自己本有の大禪窟、陰陽造化は二時の粥飯、天堂地獄淨刹穢土總に是吾が脾胃肝膽樂府、内外三百疊は朝夕の看敎誦經、千百億の須彌山を束ねて以て一片の脊梁骨とし、其の餘の進退揖讓射御書數皆な是れ菩薩萬善同歸の妙行なりと觀念し、大勇猛の信心を抽で、彼内觀の眞修に和して起居動靜の間に於て、那時か是打失の處、那時か是不打失の處と、時々に點檢する是古今の賢聖眞修の正路にて侍り、去程に子思子も道は須臾も離るべからず離るべきは道に非ずと宣ひき、魯論里仁の篇には『造次も必ず是に於てし、顚沛も必ず是に於てす』とは片時も打失する事なかれとの教にて侍り、此道とは中庸の正道を言へり、正道とは、此經難持若暫持者我卽歡喜諸佛亦然と說き給ひたる法華經の事にて侍り、法華經とは卽ち正念工夫の大事を云へり、工夫とは自己本有の有樣を指す事なりと覺悟これ有るべし、生死の大事を透脫し佛祖の正眼を瞎却する底の眞實見性の正修にて侍れば、中々容易の事にし侍らず、只肝心は動靜二境の間逆順縱横の上に於て、純一無雜打成一片の眞理現前して、千人萬人の中に在ても曠野に萬里の獨立したる心地あつて、彼厖老が謂ゆる『雙耳聾の如く眼盲の如し』なる境界は時々に此あるべし、是を眞正大疑現前底の時節と申す事に侍り、此時退かず勤め進み給はゞ氷盤を擲摧するが如く、玉樓を推倒するに似て、四十年來未だ曾て見ず未だ曾て聞ざる底の大歡喜あらん。若し人自家見性の眞僞如何ん、得力の精麁如何を知んと欲せば、先須らく謹んで傅大士の偈を見るべし、何が故ぞ、未透底の士は句に參ぜんより意に參ずべし、已透底の士は意に參ぜんより句に參ずべし、偈に曰く『空手にして鋤頭を把り。步行して水牛に騎る、人は橋上より過ぐ、橋は流れて水は流れず』又曰く『燈籠跳りて露柱に入り、佛殿走りて山門を出づ』又『懷州の牛禾を喫すれば、益州の馬腹脹る』又『張公酒を喫して李公醉ふ、端的を知らんと欲せば北斗南に向つて看よ』寒山子の偈に『靑山白浪起り、井底紅塵颶る』若し人見性分明なる事を得ば此等の言句は、吾掌上を見るが如けん、若然らずんば言事なかれ、見性したりと。縱ひ又如上言句に於て逐一分明に見得徹したりとも、足りとする事なかれ、棄去て者踈山壽塔の因緣、南泉遷化の話、乾峰三種の病、五祖牛窓欞の話、宗峰大師曰く『朝に眉を結び夕に肩を交ふ、我れ何似又本有、圓成國師曰く、柏樹子話に賊の機有り』此等の話頭毫釐も疑ひ無事を得ば、須らく知べし、見處佛祖と同一模範なる事を、參玄の上士と稱して何の愧る處かあらん。何が故ぞ、參禪は各々誓つて佛祖の心を明めん事を要す、若し夫佛祖の心を明め得ば、豈に夫佛祖の語話を明らめざらんや、若し夫れ未だ佛祖の語話を明らめずんば、須らく知るべし未だ嘗て佛祖の心を明らめ得ざる事を、此故に七賢女經に曰く、『佛の言はく我が弟子大阿羅漢此の義を解すること能はず、唯大菩薩衆有つて應に此の義を解すべし』と此義とは何ぞや、西天此土祖々相傳し來る底の向上の祕訣なり。此義を了知せしめんが爲に此難透の話頭を留む、此故に眞珠庵主偈あり曰く『天台五百の阿羅漢、身法衣を著て人間に出づ、神通妙用儞に還可し、佛祖不傳の妙は難々』菴主は卽ち息耕東海七世の孫にして、其知見斯の如く痛快なり、貴ぶべし此時眞風尚未だ落ざりし事を。今時奴郞辨ぜず、玉石分たざる底の無眼禿奴の部屬、往々に言ふ自心卽ち是佛話頭了して何かせん、心淨ければ淨土淨し、語錄を閱して何の用ぞと、此等の類を未得謂得未證謂證無慚昏愚の外道とす、竊かに彼が心と稱する所以の者を見れば、八識賴耶愚癡無明の闇窟なり、錯々賊を認て子となし、錯を以て錯に傳へて、祖々傳來の妙道なりとして、人の參禪學道、艱辛淸苦するを見ては、彼と彼とは圓頓の直指を知ず、二乘の根性なり、それとそれとは向上の禪を會せず、聲聞の部類なりと、彼が謂ゆる圓頓の直指點檢し見來れば、楞嚴に呵し給ふ、無明元本なり、彼二乘聲聞の人々には霄壤遙かに劣れり、而して逮得己利の賢聖を捉へて妄りに經賤す、寔に笑つべし、或は又一般あり、無の字にもせよ、柏樹子にもせよ、一向に手脚の著ざる處を禪道なりと妄想して以て透過とす、此は是一等の惡風俗、膏肓難治の大禪病、錯を以て錯に就く底の不救の傳屍病、總にこれ妄分別眞正參學の上士の如きは則ち然らず、參じ參じて參ずべき無き處に到つて理盡き詞究まつて、技も亦究まり、天涯に手を撒して絕後に再び蘇つて、而して後に囫地一下の安堵は得る事に侍り、左もなくて無明妄想生滅の心行を以つて難透難解の祕訣換骨奪命の大事を、彼此沙汰致し侍らんは恐ろしき事なり、佛も生滅の心行を以て實相の法を說事なかれと堅く制し給ひたるぞとて、正受老漢は常々眉を皺められ侍りき、然るに雲水往來の僧侶、十が八九大口を開いて傳燈千七百箇の大事に於て毫釐も疑ひは侍らぬなどゝ會釋もなく云ひ散す底多し、試みに一則を擧揚すれば拳頭を竪るあり、一喝を吐くあり、十が八九は疊を叩く者多し、輕々に拶著すれば見性は存じも依らず、學文の功さへ無くて一文不通頑陋無眼の人々なり、斯く恐ろしき無頼不敵の働きは何れの知識の許より習ひ持ち來るやらん、去程に三五年も斯くわめきあるくよと思へば、天竺へ渡りたるか唐へ行たるか鳶に成たるか筵になりたるか、果は音も臭もなく成り行くは幾等と云ふ數を知らず、蟲歯の藥にも成らざる底の悟りあり、惜むべし棟梁の質ありつて神俊の才を具足し、參玄力を盡し琢磨功を重ねば、佗後馬祖石頭にし去り、臨濟德山にし去つて、天下の蔭凉樹とも成り去るべき底の人々、苗にして秀んとする肝心の時節、筋なき妄解を習ひ來つて人の參禪學道精神を盡すを見ては、馳求の心止まずと云うて地空を叩いて大笑す、爾が頑空無記頼耶の暗窟を認め得て歇得する底の糟見解三日五日眉を皺めば驅烏の童子も亦須らく解すべし、況や他人の處より習ひ持來らんをや、佛祖も手に餘したる者に成て初めは信ずる人も間これあれども、元來無記暗鈍の瞎凡夫、次第に在家實頭の人々にだも及ばず、果は檀那施主にも忌嫌はれ、行方知らず成り行くは近年行脚の風俗なり、如何がして眞正の得悟は得る事ぞとならば、塵務繁絮世事紛然七顛八倒の上に於て・譬へば勇士の大敵に取り圍まれたらん時に、匹馬單鎗大勇猛の精神を震つて一方を突き破つて、かけ拔んずる時の心持にて正年工夫絶にずりもなく、精彩を著け手脚の下すべき樣もなく、四面空洞として心身ともに消失せたる心地は時時にこれ有る者に侍り、此の時恐怖を生ぜず、勵み進み侍れば一旦の得力は間もなく豁然たる者に侍り、總じて參學は妄念情量と戰ひ、昏沈睡魔と戰ひ、動靜違順と戰ひ、是非憎愛と戰ひ　一切の塵境と相戰ひ、正念工夫を推し立もて行張合にて不慮の省覺はこれ有事に侍り、彼勇施菩薩の如きは大重禁を犯して懺悔すべきに地なし、徒に憂悲惱亂す、忽ち自ら大誓を發して憂惱と戰つて默座す、忽然として無性を悟る、雲門大師は老睦州に左脚を逼折せられて大悟し、蒙山の異禪師は痢疾を患る事晝夜百次、身體苦しみ疲て前面只死あるのみ、此に於て誓願を起し苦痛と戰つて死座す、少焉腸大ひに鳴動する事數回、痢疾は拭ふが如く、平癒して大に得所あり、大圓寶鑑國師の如きは華園に入つて聖澤の庸山老師に謁して所見を演ぶ、山漫罵して打つて追出す、師憤然として煩暑の日、竹林の中に入つて寸糸かけず裸形にして枯座す、夜に入つて蚊子百萬競ひ來つて身上に集り圍んで師の肌を咬む、此に於て痾痒と戰つて齒を切り拳を握つて凝坐す、正氣を打失せんとする者殆んど數次、圖らず豁然として契悟す、昔し調御世尊は雪山に在つて苦修六年、皮骨連立蘆芽膝を穿つて臂に至り、慧可大師は臂を斷つて自の本源に徹し、玄沙は泣々象骨を下つて蹶蹎して左脚を破つて徹骨徹髓し、臨濟は痛棒を喫して破家散宅す、これ古今の榜樣なり、三世古今の間に見性せざるの佛祖なく、見性せざるの賢聖なし、今時の如く、徒らに空しく胸臆の凡解を恃んで自己脚跟下の大事を了簡分別して以て足れりとせば一生妄想の魔網を破る事能はじ、小智は菩提の妨げとは此等の輩にはべり、中古禪門の盛なりし時、正念工夫心掛け給ひし士大夫は、公より退るの閑暇の日は如何にも健かなる士卒七八個を從へ、大馬に跨つて兩國淺草などに等しき人立多る所を用有げに馳せ廻り給ひける由、是は動中の工夫親疎如何ん得失如何んを驗めし試みん爲なりける由、去程に蜷川新左衞門は鬪諍喧嘩の席に望みて大省力を得、太田道灌は陣中に在つて組布れながら和歌を詠じ、正受老漢は其里へ狼の數限りもなく來り集つて讐をせし時に所々の墓原に七夜まで座し明したりと、是は彼等に頸筋耳の根など吹き嗅れんずる時に正念工夫相續間斷ありや否やを驗し試みん爲なりと申されき、書寫の性空上人は常に悲嘆し給ひけるは世念濃厚なれば道念輕微なり、道念濃厚なれば世念輕微なりと宣ひき、つら〱思ふに果しもなく管々しき繰言、披見も六箇布思すべき者を。世念濃厚に書續けたるに似たれども、鵲林半死の殘喘長庚曉月賴みなき命に何の不足の處有りてか尾を搖かして憐みを乞んや、寵遇を權勢の門に栽るにし非ず、聲名を世波の底に釣るにし侍らず、是を序に人々の道情をも助けよかし、法門無量誓願學と申す事の侍れば菴居の人々の他後法施の一助ともなれかし、且千兵は得易く一將は求め難しと申す事も侍らば、書中少にても取べき處あつて幕下の道情をも助け、增て禪學成熟し給はゞその餘波必ず左右の人々に及ばん、左右若其恩波に浴せば其澤必ず一城の人々に及ばん、一城若その恩波に浴せば其澤必ず一國の人々に及ばん、何が故ぞ、一人の心は千萬人の心なる故に、終に天下國家に及ぼし、上王化を佐け下庶民を利せん、然らば則ち宇宙の間那箇の盛事か是に如んや、これ老僧が平生の微志なり、若然らんずば何の追從にか終夜孤燈を挑げ老眼を摩挲して果しもなき問ず語りを繰返し繰返し書送り侍るべきや、道理ある事に思さば捨置ず熟讀し給ひて內觀養生の祕術に契ひ身心共に壯健にして速かに參禪得力囥地一下の歡喜をも得給へかし、次に願くは此內觀の加被力に依つて武內の宿禰浦島子が長壽をも保ち給ひ、上天下の政事をも補けて萬民を憐撫し、內法寶を衞護し飽く迄法喜禪悅の樂を究めて法成就にも至り給へかしと思ふ許りの寸志にて侍り、老夫壯年より思ひ付侍りけるは正念工夫の勝手には武士の身の上程よき事は有べからず、武士は明け暮れに身を懦弱に持事叶ず、出仕にも附合にも如何にも嚴重なる者なれば髮結立で、上下か又は袴羽織にて大小手挾み、折目高なる起居の上には正念工夫は溢れ建るゝ程潔よく打見ゆ、增てよき駿馬の太く逞しきに打騎つて百萬騎の敵軍をも人無き處を通る如く乘破りく驅崩すべき顏色は天晴見事なる不斷座禪かく工夫しもて行たらんには、出家は一年にて得力これあらば武士は一月、出家は百日にて得力是あらば武士は三日にも利運は開かるべき者を、志なく案內知り給はぬ故に、生喫磨墨とも云ふべき大馬の背上に闇々と八石五斗の無明妄想の重荷を建れ々々積載ていかめしげなる貌曲して、あたりを拂つて乘連々々打通り給ふは近頃以て殘念なる風勢ならずや、かく大切なる場所をば遣過して我々は仕官の身なれば座禪などする暇隙は勤の內は存じも寄ぬ事なるぞなど宣ふ人々は、海中に在乍ら水を尋ぬる心地こそすれ、四十二章經には人に二十の難あり、豪貴にして學道難しと、誠なる哉、王侯より庶人に至るまで、榮耀富貴の人々は數限も無事に侍れど、來生の苦輪を恐れ出離の要道を尋ね求むる人々は世界を一掃して一人も見え侍らず、是定めて金口の所說に違はじとの心なるべし、只富貴の上にも富貴を貪ぼりて足る事を知らず、榮耀の上にも榮耀を求めて飽事もなき世の中に何の善緣ぞや、幕下のみ獨富貴を見る事空華の如く、榮やうを見る事夢幻に等しく、常に無上の大道に賢慮を傾け、予が艸廬を顧み給ふ事既に三次、昔し照烈の武侯が艸廬を顧み給ひしに等し、彼は三國を並さん事を圖り、此は三界を越ねん事を求む、その趣きは同じといへども、志は大に異なり、昔し武侯は鋤を棄て、命を委ねて以て三顧に答ふ、老僧豈に三顧を報するに片言を惜まんや、如何なる法理を書贈りてか幕下勇猛の精神を増長し、圖ずも宗門向上の大事を透過し、怡悦の眉を開き給へかしと祈る許りに、かなはぬ文章にて斯まで書續けたるにて侍り、去ながら宗門向上の大事は中々文字言語の力にても誘引すべき事にし侍らず、然れども修行の趣向錯まり給はずば自然に大事に契當し給はでやあるべき、專使一昨烏、急に回鞭を執る、貴答を裁するに暇あらず。頻りに廢禮の緩怠を恐る、幸ひにして昨日宜顛盧原に歸る事を告、歡踊に堪ず、押へ留て鄙酬を修す、睡らざる者一夜、晩陰より書して天明に至れば醜書既に五百行を得るといへども、猶情實を盡す事能はず、老來諳記の力無うして前に書しけるを後又書し。始め演けるを終りに亦演ぶ、字々烏焉多く、行々魯魚の差ひあれども、再看するに暇あらず、裁封して以て顛が歸袖に附す、恰かも楚鷄を籠て丹山の鳳なりと稱して王侯に進むる者に似たり、電照の後請ふ丙丁童に與へて彼をして祕重せしめ給へ、若し又書中取るべき處あらば再び淸書して以て進献せん、幕下書記の人々に命じて繕寫三五冊年少頴發の近習三五輩、及び和田國堅が輩に分ち與へて時々に熟讀せしめ、閑暇の日は幕下の股肱、堤中澤の人々及び故老の舊臣良醫六七輩を召され圍み座して聽受せしめ、幕下も亦蒲團上に且聽且つ睡つて道情を保養し給ひ、半日の餘閑を樂み給はゞ法喜禪悅の境致自然に現前して、四王忉利の歡樂、夜摩兜率の勝界も亦羨むに足ず。況や世間穢濁充滿の宴會、輕浮傲奢の逸遊、八音耳を蕩かし、萬舞眼を昏す底の無慚無愧の幻戯をや、豈に顧みるに足んや、此趣きを以て能々勘辨これ有て、近習をも外樣をも我八萬の大衆なりと思して、密々に誘引し給はゝいつしか上求菩提下化衆生の本願に契つて、塵中衣冠希有の善知識、誰か知ん劍を帶し鞍馬に跨つて往來しながら、時々に諸佛無上の法輪を轉じ給はんとは、然らば即ち强將下に弱兵なしと申す事の侍れば、鍋氏慶喜身子滿慈等の有力の武臣は野村田村等の人々を初め、旗下には幾人も出來侍るべし、萬一天下の事故あらんに。大將も諸卒も通身一團の眞元氣百騎を率して萬騎に對すといへども從來生ある事を見ず、豈にそれ死あるべけんや、恰も鐵石を突立て行が如し。靜なる事山嶽の如く疾事飃風の如し、向ふ處破らずと云ふ事なく觸る處碎かずと云ふ事なし、譬へば保元平治の亂軍中に在とも無人の曠野に立が如けん、それこれ之を眞の丈夫の志氣と云ふ、君恩と法恩と並べ流て士卒を撫す、誰か幕下の爲に身命を惜まんや、生死の恐るべき無ればば涅槃の求むべきなし、十方を目前に消融し、三世を一念子に貫通す、皆是かの正念工夫の力に依れり、かくの如なる時は士敬し民懷き、君仁に臣正し。農に餘の粟あり婦に餘の布あつて、上下こもぐ道を好んで、國脈泰山の安きが如く萬世を經て衰滅なけん、然ば則ち人間天上の善果これに如べからず、宰官身得度者、卽現宰官身の大士は豈にそれ異人ならんや、穴賢。

延享第五戊辰暦仲夏二十五蓂

沙羅樹下闡提老衲書

遠方の病僧に贈りし書

便の度毎に貴書並に傳語、者回欽禪人便に又々芳書、殊更野外珍らしき水沈一封親切の至りに候、貴兄事貴境へ飛錫致され候も吾等勸め申し侍ればこそ何とぞ道業怠慢なく碅地一下の勸喜をも得られよかしと好便り待ち入候處に、夏頃より氣分惡く今程延壽堂に入れ候旨、旦夕案じ暮し候、者回、欽禪人物語りには左程の事にもこれなく、發足の二三日已前に入堂致され候由如何許り嬉しく存じ候、氣分は如何樣の重病沈痾なりともそれは世間に打任せて、自分は隨分正念工夫肝要と心がけこれあるべく候、病中苦患の間に仕扱たる修行は他後如何樣の逆縁に逢ても退惰これなき物の由、承はり及び侍り大切の時節ぞと思して努々油斷これある間布候、三十年前去る老漢、病中の僧に對して物語りせられけるは、世に智慧ある人の病中はご淺猿しく物苦き事はなき事なるぞや、智慧ある儘に來方ゆく末の事ども際限もなく思ひ續け、看病の人の好惡を咎め、舊職同件の間闊を恨み、生前には名聞の遂げざるを愁ひ、死後は長夜の苦患を恐れ、鄕里を思ては羽翰の生ぜざるを憤り、神明に祈りては感應のおそきを嗔り、目を打塞ぎて臥居たるは殊勝に物靜なれども、胸中は九國の合戰よりも騷しく、心上は三途の衆生よりも苦し、三合の病に八石五斗の物思ひなるべし、かく病狂れ死したらんには後の世の有樣こそ推量らるれ。物思ひして藥にも養生にもなるためしならば吾々も打より手傳ひて物思ひ得させせんなれども。痛く物思へば心火逆らひ上り肺金痛み費へ、水分枯渴し寒熱止事なく。自盜の二汗は次第に繁くて果は命根も亦保ち難きに至る、是皆平生の志行懶惰にして少し許りの病を妄想心の手傳ひて 夥 しくそだて上たるものなり。然れば病に害せられたるにはあらず、妄念に食殺されたるなるべし、寔に妄念は虎狼より恐ろしきものなり、虎狼は戸牆さしたる内へは入事は叶はぬものなり、妄念の猿は坐禪靜慮の床の上、七條九條の袈裟の中へも亂れ入奴なり、或病人はほろ〳〵と打泣て　吾等程薄福なる者はなきぞとよ、偶々に受難き人身を受け、貴き僧形を得ながら辨道の功をも積ず、佛道の光をも見ずして朽果んずる事の口惜さよなど泣口說たるは殊勝に愛らしけれども、是も懈怠油斷の大不覺者のなれの果なるべし、大凡辨道工夫の爲には病中程よき事はこれあるべからず、古來賢達の人々の巖谷に身をよせ、深山に形を隱し給ふ事は世緣を遠ざけ塵務を捨離して道業純一にはげみ勤んが爲なり、然るに病中を除いて別の山谷なく、病中を去て外の深山はあるべからず、病中の人は托鉢作務の勞倦を遁れ、使僧知客の應對を省き廣衆雜話の喧積もなく〳〵、僧堂の治亂を知らず、常住の豐儉を見ず、死活は天運に投かけ、饑寒は看病の人に打任せて、只狗猫なご惱伏たる體にて何の合點もなく、何の了簡もなく、只一向に蒲團上の事を忘却せず、自己の正念を打失せざるを第一として、生も亦夢幻死も亦夢幻、天堂地獄穢土浄刹悉く抛擲下して一念未興已前萬機不到の處に向つて是れ何の道理ぞと時時に點檢して正念工夫の相續を肝心とせば、いつしか生死の境を打越悟迷の際を超出して金剛不壞の正體を成就せん事これ眞箇不老不死の神仙ならずや、人界に出生したる思ひ出ならずや、圓盧方袍の威德ならずや、佛道微妙の靈驗ならずや、眞正參禪の人の前には吉凶榮辱逆緣順緣盡く道業を助くる糧となり、懈怠惰弱の人の前には假初の塵事芥子許りの病氣も夥しき障りに仕なして果は宿業のわざなり般若に緣こそなけれなど、種々の道理をつけて遠からぬ般若を遠ざけ根もなき業障を種そだてゝ一生を錯る程の苦々しく情なき事はなきぞとよ、古來より重病を受ながら疑團打破の人々は間多き事なるぞかし、中比去老和尚の重き腫物を受給ひて背後は爛冬瓜の如く腫塞がりて目もあてられぬ病惱なりけるに湯薬食事進め參らするより外は人をも近づけ給はで目を打塞ぎて惱み伏し給ひけるに、ある時法眷の人々両三輩見來りて見問上りける處へ外療人來たりて土肉さらんとて膏藥に藥加へ參らせたれば今夜は常よりも痛ませ給ふ事も侍りぬらん、かゝる貴き御身に心なき腫物の出來りて日數多く惱ませたる御いとしさよ、去にても今日よりは愈肉の上りて目出度快氣ましまさんを待ち奉る許りなるぞやとて撫勞り申ければ上人は濃く寢入たる人の、目打覺たる御顏ばせにて人々はよくこそ見え來り給ふもの哉、包みはつべき事ならねば物語して聞せ申すべきぞ、誰々も近寄給ひてよ、扨も此度の病惱は愚老が爲には貴き善知識なるぞや、腫物の蔭にて二十年の非をしり、四十年の素懷を遂たる事の嬉しさよ、重病受ざりし已前は悟に事缺たる事も無、修行に不足もなき境界ありと思ひて修行も打捨臆面もなく供養など受く會釋もなく起居振舞けるが思はずもかゝる重痾に沈みて五體も煎あぐるが如く骨節も碎け離るゝ許りなれば氣遠く心塞りて黑繩衆合焦熱叫喚の苦患を纔に形體に集め上せたる心持にて悟も見解も何地へや行ぬらん、半點の力をも得ずして殘るものとては想念と苦痛とのみなりければ、あな口惜、かく惱み苦み死したればばとて誰恨むべき事にしも非ず、迚も助かるまじき命なるに是より正念工夫に取掛りて苦惱や勝べき工夫や勝べき心の長の及ばん程は責戰はんずものをと思ひ定めて、傑烈の大志を憤起し勇猛にはげみ進けるに一度も二度も苦しく絶入る心地しけるが打返し取直して間斷もなく進みける程にいつしか戰ひ勝て晝夜のさかひもなく寐寤の隔もなくて終には打成一片の工夫現前して此十四五日以來は想念も菩惱の雲霧などのはれ失たる心持にて大安樂なるのみに非ず、眞正生死不二佛魔同體の眞理に契當し唯有一乘金剛不壞の奥義に徹底したるぞかし、今日より後は如何樣の逆緣重障なりとも菩提を妨ぐる事はあらじと覺ゆるぞ、人々も少し許りの會處得力あらんを賴み給ひて、茲はの時に至つて愚老などが如く興さまし給ひそ、返々も健かならん時正念工夫怠り給ふべからず、賢くも煩ひける事よ、箇程目出度事や有べき、思へば〳〵此度の腫物は愚老が爲には上もなき善知識ならずや、然らば即ち如何なる供養をもし如何なる讚嘆をも述度思ふに次第に愈行事の名殘惜さよと打笑給ひけるを其時隨侍申しける僧の物語しけるを聞たるぞかし、又或眞言家の驗者ありと聞え給ふ法師の御房の重き傷寒に惱給ひて夜晝の分ちもおはさで、うなりごめき給ひけるを弟子の小法師の小黠氣あるが打聽てあの御房の日頃の氣情にも似給はず、吾等を呵責し給へる時の言葉にも似給はで、あのうなり、叫び給ふ事よとて打笑ひければ上人も打笑て、やをれ小法師よ三日已前のうめきは叫喚泥犁の苦痛、三日已後のうめきは最大微妙の法音あるぞ、慢り笑ひて誹謗正法の御罰を蒙るべきぞと云はれければ小法師かへして左許り早く手の裏翻す如くに成佛はし仕給へるにやと申しければ、さればとよ佛も懈怠の衆生の爲には涅槃三祇にわたり勇猛の衆生の爲には成佛一念に在と說給へるぞや、去し頃病苦の堪難くて次第に性體もなく惱み行まゝに來生の業苦を恐れ、生前の行相を悔て泣明しけるが思ひ直して大日不二の觀念に入り目を閉ぢ齒を切りて間もなく勸め進みたれば貴やな、いつしか病惱は搔拭ひたる如く打消え病臥たる形骸は瑜伽微妙の寶印を現じ圖らずも金剛不壞の正體を成就し此うなりごめく聲は三密不思議の大陀羅尼と冥合し寢たる床は毘盧本有の大道場と打ち成り四重圓壇の大曼荼羅は心上に嚴然として目前に粲爛たり、嬉しや忽ち有情非情同時成道、草木國土悉皆成佛の素懷を遂たるぞや、小法師原が聞知べき事にしあらねどかく有難き慧日に逢たる目出度さに物語りはするぞかしとて、嬉し泣に打泣々々語られけるが後には道業比類もなくおはしける由、其外異國にも袾宏の湯厄蒙山の痢疾何れも病に依て道心進み給ひける人々は間多きぞかし、和僧達は左許りの小病にけぎたなく云甲斐もなき有樣かな、などかは昔の人々にも劣るべきや、只今死なんずとも正念工夫目出度て死に給んには眞の佛祖の兒孫たるべきぞ、かくいへばとて重病受んを待つて參禪工夫せよとにはあらず、けなげに健かならんずる人々も日夜に怠らず、彼人々の如く用心したらんには十人は十人、百人は百人ながら學道成就せざる事はあるまじきぞ、兎にも角にも正念の工夫程貴ぶべく重んずべき事はなき事なるぞとよ、正念の端的未だ悟入なからん人々は眞正の導師に見ねて第一に決定し給ふべし、決定あらん後は四刧儀の間正念工夫打失せざるを第一とすべし、大慧禪師曰く『那時か是れ打失の處、那時か是れ不打失の處。一切處に於て是の如く點檢せよ』と、これは是從上の諸聖正念工夫親切の樣子なり、これ則ち萬古不易の正修なり、是を直心とも佛性とも菩提とも涅槃とも無位の眞人とも云ふなり、此の眞人は空刧以前空刧以後、少しも病氣なく鼻もしみたる事はなき人なるぞ、是を法華には久遠實成の古佛と稱歎し給へり、南嶽の隨意願行に昔在靈山名法華、今在西方名彌陀、濁世末代名觀音と釋し給へるも此の眞人の事なるぞかし、此の人を供養し此の人を尊信し、此の人に親近して打失せずんば何れの病か治せざらん、何れの道か治せざらんや、佛法中には病疲れたる老女、瘦悴けたる老夫なりとも正念工夫間斷無んば無病堅固の有力の人とす、縱ひ七尺八尺の身財あつて身子の智圓かに滿慈の辨饒にして三經五論を講じ得、五家七宗の奥義を究め盡して力周鼎をあげ、眼寰宇を空じたりとも正念工夫なからん人をば臭爛膨壞の人とする事なり、あひかまへて容易に心得べからず、寔に保ち難く寔に守り難きは正念工夫の大事なるぞや、末代の悲しさは人毎に名聞の心強く利養の心盛にして道心ありげに見せかけ莊り立れども、正念工夫決定の人は得難き事なり、増て正念工夫相續不斷の人の求るに千人萬人が中に一人もなき事なるぞ、老僧十三歳にして此事ある事を信じ、十六歳にして娘生の面目を打破し十九歳にして出家三十五歳に入て此山に遁居す、今年六十五に垂とす、中間四十年萬事を放下し世緣を杜絕し、專一に相守て漸く五六年來、眞箇正念工夫の相續は得たりと覺えるぞ、檀那施主に輕薄追從し利養名聞を希望貪求しながら參禪工夫せんとは寔に片腹痛き事なり、往々に師學ともに常住の潤澤を榮耀とし多衆閙熱を宗風とし、辯才利口を智慧と思ひ衣食の結構を佛道に充つ、尊大美麗を道德とし人の信仰を法成就の時なりとす、悲みても尚悲むべきは得難き人身を名聞の奴婢に責使ひ、上もなき佛心をば妄緣の塵埃に吹埋ませて此の招請、彼この供養には似合ぬ綾羅絹帛を惜げもなく著飾り、得もせぬ禪道佛法を會釋もなく說散し、無智の白衣に對しては孔明子房が辯口を逞うし、苦汗の財施を掠め取には目連鶖子の神通を得たり、暫時の名利を偸み求めて因果を信ぜず報應を恐れず、臘月三十日孤燈獨照半生半死の際に到つて泣うめき、七顚倒八狂亂、手脚の置處なく、あがき死にして弟子門省の面ぶせになり給はんは違ひはあるまじきぞ、今の人々の心ばへにて禪道修行の人といはゞ何國の唯か佛祖ならざる者有べきぞ、不思議の因緣にてかかる物すごき處に來りて一夏をも明し給ふ者を何しに惡き事敎へ申すべきや、世間は知ず老僧が破屋の內には甘く心易き佛法はなき事なるぞ、只兎にも角にも修行者は吾身を高ぶり吾身を重んじ吾身を贔負する程惡き事はなき事なるぞや、一年狼の多く來りて此麓の里へ寃をなせし時に愚老は七夜まで處々の墓原に坐し明したるぞ、是は彼等に取圍まれ耳の根咽ぶへなど吹嗅んずる時に正念工夫間斷ありや否をためし試みん爲なり、蛇にもせよ水神にもせよ男子たる者の思ひ立ち取かゝりたる事を遂ずや置べき仕果ずやあるべきと思ひ定めて如何なる飢寒をも忍び堪へ如何なる風雨をも堪凌ぎ、火の底に入り氷の底に浸りてゝも佛祖の開き給ひたる眼を開き佛祖の到り給へる田地に到りて宗門の大事を參歇し末後の奥義を徹了して十方參玄の衲子を惱害し、釘を抜き楔をうばつて以て佛祖の深恩を報答すべしと、歴劫不退の大誓願を憤發し給はゞ病ひ何れの處にか湊泊せん、古德の修行に一人として疎かなるはなき事なれど中に就て玄沙慈明などの幾多の艱辛を歴給へるは取別貴く覺ゆる事なり、油斷し給ひたらば果して相似の修行者になり給ふべきぞ、但しその相似とは似せ者と云ふ事なり　唯やの人か不足なき身に似せ者と成んと思ふ人はなき事なれども好法友の手引を受給はず道心深からずして少し許りの會所などを賴みて口を利、人にも貴ばれ給はゞ、見事なる似せ者なるべきぞ、操履を愼み正念を守りて事足り給はずば如何なる野の末山の奥にても飢死寒え果給ふべし、黃金は𦾔に包みても黃金なれば實の佛祖の兒孫神明掌を合せて尊信し龍天頭を低て擁護すべきぞかし、諂ひ屈て財產を積み重ねて千僧の葬儀七寶の莊嚴あつて幡蓋目を奪ひ道場心を驚かしたりとも閻王怒眼を張、牛頭鐵鞭を撚つて相待んは苦々しかるべきぞなど、戌の上刻より丑みつ頃まで物語りせられけるを傍に侍りける兩三輩只片時許りの心持にて感涙肝に銘し慚汗肌を侵し侍りき、其後病中などに此物語りを思ひ出し侍れば忽ち慚愧の心起りて病氣も輕く成行樣覺え候故、あらまし書付け遣す事、延壽堂中の人々病中の道情の一助ともなれかしの心にて侍り、去乍ら如上は正受老漢平生受用底の施藥にして甚だ一味單方攻擊の冷劑なり、玆に又一方あり、尤も虛弱の人に宜し、心氣の勞疲を救ふ事甚だ妙なり、上昇を引下げ腰脚を溫め腸胃を調和し眼を明かにし眞智を增長し一切の邪智を除く事大に効あり、輭酥丸一劑、諸法實相一斤、我法二空各一兩、寂滅現前三兩、無欲二兩、動靜不二三兩、絲瓜の皮一分五釐、放下着一斤、右七味忍辱の汁に浸す事一夜、陰乾して抹す、例の通り般若波羅蜜を以て調錬し丸じて鴨卵の大さの如くならしめて頂上に安着す、初心の行者は藥種如何、斤量如何を觀ずべからず、只色香微妙の輭酥鴨卵の大さの如くなる者我頂上に頓在すと觀ず、病者此藥を用ひんと要する時、厚く坐物を敷、脊梁骨を堅起し目を收めて端坐し除々として身心を淘定めて須らく思惟すべし、大凡生を保つの要、氣を養ふにしかず、氣盡る時は身死す、民衰ふる時は國亡るが如しと、此語を三復し了つて正に此觀を成べし。彼頂上に安着する輭酥鴨卵の如くなる者、其氣味微妙にして遍く頭顱の間を潤し浸々として潤下し來つて兩肩及び雙臂兩乳胸膈の間、肺肝腸胃、脊梁臀骨・次第に沾注し將去る、此時胸中の五積六聚疝癖・塊痛、心にしたがつて降下する事水の下におもむくが如し、歷々として聲あり、遍身を流へ潤して下つて雙脚を温む、足心に至つて即ち止む、行者再び此想念をなすべし、彼浸々として潤下する所の餘流積り湛へ暖醺して恰も世の良醫の種々妙香の藥物を聚め是を煎湯にして浴盤の中に盛湛へて我臍輪以下を漬浸が如しと、此観を作時、唯心所現の故に鼻根希有の香氣を聞、身根妙好の輭觸を受、身心共に調適なり、忽ち積聚を消融し、腸胃を調和し、肌膚光澤を生じ、大に氣力を増す、若時々に此観を成熟せば何れの病か治せざらん、何れの仙か成せざらん、此は是養性の祕訣にして長生久視の妙術なり、此方始め金仙氏に起つて中頃天台の智者大師に到つて大に勞疲の重痾を治し、且其兄陳秦が必死を救ふ、澆末難遭の霊方なり、宜哉此道今人知得する底希なる事を、老僧中頃道士白幽に聞、効驗の遲速は行人の勤と怠とに在る而已、怠らざれば長壽を得、道ことなかれ、鵠林老去つて大に老婆禪を説くと、恐くは知音の一見して手を拍して大笑するあらん、何が故ぞ、「亂に臨まざれば貞臣の操を見ず、財に臨まざれば義士の志を知らず。」

法華宗の老尼の問に答ふる書

老夫当秋より法華講演の刻み、心の外に法華經なく、法華經の外に心無と申しじたりしを聞及ばれ、怪き事に思して書通を以てなりとも、右の道理を申し越し其外にも有難き事どもこれあらば書付遣し候様にとの御事、これによつて大略の趣書付進じ候間何遍も繰りかへし、披覧致され能々得心これあるべく候、成程我等常々申し談じ候通り心の外に法華經なく法華經の外に心なく、心の外に十界なく、十界の外に法華經なし、是即ち決定至極の法理にて愚老に限ず、三世の如來も十方の賢聖も極處に到つては皆々かくの如く説給ふ事にて法華本文の大意は大段此等の趣を宣給ひたる事にて、此外にも八萬四千の法門を設け給ひたれども皆權敎の説にして方便の間を出ず、至極に到ては一切衆生と三世十方の如來と山河大地と法華經と悉く不二同體なる法理を諸法實相と説給ひたる、是即ち佛道の大綱なり、大凡世尊一代頓漸祕密不定の法門有て無量の妙義をのべ給ひて五千四十八巻の諸經あれども其中の至極の旨は法華一部八巻の中に促り法華一部六萬四千三百六十餘字の極意は妙法蓮華經の五字に促り妙法蓮華經の五字は妙法の二字に促り妙法の二字は心の一字に歸す、心の一字は却て何れの處にか歸すとならば『兎角龜毛別山を過ぐ畢竟如何、限り無き春を傷しむる意を知らんと欲せば盡く針を停めて語らざる時に在り。』さる程に妙法の一心は展ぶる則んば十方法界を含容し、收る則んば無念無心の自性に歸す、此故に心外無法とも說給ひ、三界唯心とも諸法實相とも說き給ひぬ、其極處に到つては法華經と云ひ無量壽佛と云ひ禪門には本來の面目と云ひ眞言には阿字不生の日輪と云ひ、律家には根本無作の戒體と云ふ、皆是一心の異名なりと覺悟致さるべし、然るに妙法蓮華經の五字一心の源を指とは如何なる證據かあるとならば、取ゝ直さず直に此の妙法蓮華經の五字よきたしかなる證據にて侍り、如何となれば妙法蓮華經とは一心不思議の德を讚歎したる題號にて一心本具の性德を指顯したる言葉なり、仔細は大凡手蹟にもせよ、畫圖にもせよ、誰々は琴の妙を得たり、誰々は琵琶の妙を得たりと云れんずる人も其妙とは如何なる場所を申す事に侍るぞと問れたらん時に如何なる辯才利口の人にても中々言葉に演る事は叶はざる事なり、去程に父子不傳の妙とて吾大切なる一子にさへ敎ふる事は能はず、妙處に到つては吾とても覺ず知らずの處より働き出る事なり、人々具足の妙法の心性も左の如し、只今此文を披覽し或は笑ひ或は談じ、緒環の絲繰出す如く果しもなく五人に逢ても十人に逢ても少しも間違もなく働きもて行事不思議なる有樣ならずや、然るに何物か斯の如く自由には働く事ぞと內に向ひて尋ね求るに、聲もなく臭もなし、然ば一向に頑空無記なる物にして木石の如くなりやと思へば例の通り、千變萬化自由自在にして有と云はんとすれば有に非ず無と云はんとすれば無に非ず言語道斷脫洒自在なる處を假に且く妙法とは名付給ひたる事なり、蓮華とは蓮の泥土の底に有つても少しも泥土に汚されず、妙なる色香を具足して失はず、時を得て麗しく㕦出るは此妙法の佛心の衆生に在つても穢れず減らず佛に在つても淨からず增さず、佛も凡夫に

て在　時は一切衆生に少しも違はせ給はで五欲の泥土に汚され給ふは左ながら蓮の泥中に在るが如し、其後雪山に於て、本具の心性を發明し給ひて稀有なる哉、一切衆生如來の智慧德相を具すと高聲に唱へ給ひて頓漸半滿の諸經を說き宣三界の大導師と成給ひて梵天帝釋に尊信せられ給へば蓮の泥中を出で麗しく發けたるが如し、蓮の泥中に屹度具足して居たりし色香を水上に咲出すが如く佛も無量恒沙の法を宣給へども、外より持來り給ふに非ず、凡夫にておはせし時屹度具足し給ひし佛性の有樣を其儘に宣給ふ者なり、衆生にておはせし時も成佛の本懷を遂給ひて後も一心の妙法は少しも添減なきが如く、蓮の泥中にありし時も咲亂れたる夏も少も變遷なきに等し、故に假用ひて且く一心の妙法に譬へ給ひたる者なり是即ち人々具足の佛心を妙法蓮華經と名づけ給ひたる慥なる證據ならずや、さて又經とは常と云へる字義にて常住佛性の義を顯し給ふ者なり、常住佛性とは此心性は佛に在つても增もせず、衆生に在つても減じもせず、天地と同根萬物と一體にして曠劫以前曠劫以後少しも變易なき處を指て、經とは說給ひたるなり、然れば妙法は佛心の體、蓮華經は佛心の妙法を譬に設けて讃歎し給ひたるにて畢竟一心の異名なり、一實二名餅を歌賃と云つた程の事なり、然れば眞實の法華經は手にも把れず、目にも見えざる者なるを如何にやは受持すべきぞ、如何樣に心得たるを法華經の行者とは云べきぞとならば、蓋し三種の根機ありて下根の行者は黃卷赤軸を把へて讀誦書寫解說し、中根の行者は自心を觀照して此經を受持し、上根の行者は眼に此經を見徹し自心の面を見が如し、是故に涅槃經に曰く『如來は目に事性を見たまふ』とは是なり、法華經の行持は大乘至極の眞修なれば中々容易の沙汰にし非ず、易き事は甚だ易く、難き事は甚だ難し、去程に本文にも此經難持、若暫持者、我卽歡喜、諸佛亦然と說給ひて至極大切の行持なり、天台の智者の曰く、「手に卷を執らず、常に是の經を讀み、口に言音無けれども遍ねく衆典を誦し、佛、說法せずして恆に法音を聞く、心に思惟せずして普く法界を照す。」

と是眞正誦經の樣子なり、試みに問ふ、卷を執ずして誦する底是那箇の經ぞ、自心、妙法に非ずや、思惟せずして普く法界を照すと是何物ぞ、眞正の蓮華に非ずや、是を無字經と云ふ徒に黄卷赤軸のみを把へて法華經なりと偏執するたぐひは彼藥帖上の記を舐つて藥なりとして病を治せんと計る者の如し、大に錯り了れり、若人此經を持んと欲せば十二時中胸中一點の缺曇りもなく、不思善不思惡の當體を正念工夫の眞修と云ふ、去程に拾得子の偈にも『無爲の理を識らんと欲せば、心中、絲をも掛けざれ」と。かくの如きの正修は三世の如來も一切の智者高僧も、此處より大悟得道し給へる事にて萬古不易の大易なり、一念不生前後際斷頓悟成佛の直路なれば如來の此經難持と宣給へるも理り至極ならずや、大凡三敎の聖人も實處に到つては大段同じ、其進修の淺深精麁に依つて得力の高下はあるべけれども最初の一歩は趣き等し、儒門には此處を至善といひ、未發の中と云ひ道家には虛無自然といひ、神家者は高間ケ原と相傳す、天台には一念三千止観の大事とす、眞言にては阿字不生の觀法と云ふ、家々の祖師達の座禪をすゝめ誦經を勸め給ふも誦々唱々て一心不亂純一無雜の田地に到らしめん方便ならずや、永平の開祖も行持あらん一日は貴ぶべきの一日なり、行持なからん百年は恨むべきの百年なりと宣ひき、寔にたま〳〵受難き人身をうけながら、何の行持の心もなく逢難き一生をやみ〳〵と犬猫などの何の覺悟もなくて朽果つる如く苦しかりし三塗の舊里へ懲もなく立歸らんずる事口惜く淺猿き境界なりと涙を落すべき事なり、然るに難き事は甚だ難しとは我得て疑ふ事なし、易き事は甚だ易しとは如何なる故ぞとならば若人此經を手を放て行往坐臥にやす〳〵と持んとならば、誓つて一回法華眞の面目を見届くべしと願ひ給ふべし、法華眞の面目を一見したらん上は咳唾掉臂、動靜云爲、草木瓦石、有情非情、悉く皆な妙法蓮華經と現成する故に十二時中此經と冥合す、何ぞ別に持つ事を用ひんや、眞の法華を一見せずして法華經を持たんと擬する譬は、ばこゝに一人あらんに手に一椀の水を擎げて、こぼさじ動さじと晝夜に愼み守りて養ひ增さんと願が如し、縱ひ一生擎げ守つて十成なるも養ひ增す事は存じもよらず、自家の飢渴も亦救ふ事能はず、彼二利の願行に於ては望を其間に絕ものなり、何の用を作にか堪んや、若又眞の法華を一見して此經を持つ人は彼一椀の水を江湖に投ずるが如し忽ち三萬六千頃の煙波と混合し、德澤を大湖と共にして飛ぶ者走る者翔る者蠢く者、同く共に行て呑まんに盡る事なし、眞の法華を見ざる人は一椀の水を擎る人の如し、他を利する事能はざるのみに非ず自己も又利する事能はじ、眞の法華を一見する人は彼一椀の水を江湖に投ずるが如し、覺えず諸佛の大寂滅海に投入して諸佛の眞法身戒定智慧と冥合して忽ち賴耶の暗窟を擊碎し、大圓鏡光を放出して塵沙劫を經て大法施を行せんに終に乏しき事なし、一見法華の功德の廣大なる事上下四維等匹なし、人あり一切諸經論を熟讀せんよりは須らく眞の法華を一見すべし、無量の寶塔を修造せんよりは須らく眞の法華を一見すべし、百千の佛を造立せんよりは須らく眞の法華を一見すべし、三界の秘密を學得せんよりは須らく眞の法華を一見すべし、彼黄卷赤軸のみを捉へて法華經なりと偏執せんよりは須らく眞の法華を一見すべし、口に百千萬部の法華經を讀誦せんよりは須らく眼に一回眞の法華を見るべし、是實に成實不壞の高談なり、如何して法華眞の面目を徹見すべきぞとならば、先須らく大疑團を起すべし、何物を指てか法華眞の面目とはするぞ、自己本有の妙法の一心なりと聞からに自心を見るにしかず、自心とは如何なるものぞ白き物とやせん、赤き物とやせん、是非〳〵一回見得すべきそと猛く甲斐〴〵しき志を震つて大誓願を起して晝夜に究め見るべし、自心を參究するに行持は樣々多き中に法華經の行者ならば法華三昧の行持に越たる事や侍るべき、法華三昧の行持とは今日より思ひ立て憂につけ、つらきにつけ、悲きにつけ、嬉きにつけ、寢ても覺ても、起ても居ても、只管に法華の首題を南無妙法蓮華經〳〵と間もなく唱へらるべし、此首題を杖にも力にもして是非とも法華眞の面目を見屆くべしと深く望をかけて唱へらるべし。願くは出る息、入る息を題目にしてほしき事よと隨分親切に斷間もなく唱へらるべし、唱へ〳〵て怠らずんば久しからずして心性たしかに大石などを淘居たる如くにて安住不動如須彌山の心地はほのかに覺えあるべし、其時にすて置ず、隨分唱へらるべしいつしか聞及し正念工夫の大事に契當して平生の心意識情都て行はれず、金剛圈に入るが如く璃瑠瓶裏に坐するに似て、一點の計較思想なく忽然として大死底の人と異なる事なけれん、纔かは蘇息し來らば覺えず、純一無雜打成一片の眞理現前して立處に法華眞の面目に撞著して忽ち身心を打失し本門壽量久遠實成の如來は目前に分明にして推ども去じ、此時に當つて天台の法性寂然、寂而常照の寶所に投入し、眞言の阿字不生の惠日に照され、律宗の諸佛無上の金剛寶戒は冥合し、淨土の卽心往生極樂報土の素懷を遂。水鳥樹林念佛念法念僧の妙莊嚴をまのあたり見屆け姿婆卽寂光の正眼を開き草木國土悉皆成佛の田地に至らん事、毫釐も相違あるべからず。然らば則ち人中天上の善果何事かこれにしかんや、是即ち三世の諸佛出世の本懷なり、一遍の題目は禪門一則の話頭と其功異なる事なし。此等の趣き三世十方の賢聖扶桑八萬餘座の神慮もおはする者を老僧が毫髪ばかりもあやぶむ處あらば何しに罪作りにくだ〳〵しき事を書贈り侍るべきや、少しも疑ひ給ふべからず、此上猶又怠り給はすば禪門にいはゆる左手を握て中指を唆等の心地も次第に明かなるべし、今時往々に道、參禪無益なり話頭了じて什麼かせん、即心即佛の直指なれば念の起るをも愁ず、念の止たるをも喜ばず、山賤の白木の合子、只生れ付たる自性の儘なるがよきぞ、漆つけねば剝色こそ無れとて日々徒に盲亀の空谷に入るが如くし去つて以て足りとす、此は是天竺の自然外道の所見なり、恁麼にして佛心向上の宗旨なりと稱せば七村裏の土地も亦掌を撫して大笑すべきぞかし。何が故ぞ、これ總に長沙の謂ゆる識神を認得する底の癡人ならずや、楞嚴に賊を認て子となす、終に元淨明の體を知る事能はずと呵せられしは此等の部類なり、殊にしらず如來は四果の聖者の諸漏己盡し、我法の眞理に達し神通具足し名稱普へ聞え給ふをさく禪を知りとは許可し給はず、故に經に曰く『我が弟子大阿羅漢この義を解する能はず、唯大菩薩衆のみ有つて應に此の義を解すべし』、とも說給へるものを見性の功さへなくて、妄に自ら尊と稱す、是何の心ぞや、人は只兎もあれ萬緣を抛擲して唱ふるに越たる事はなき事なり、去ながら題目ばかりの利益なりと偏執し給ふべからず、眞言に限らず、淨土に限らず。何れも優劣あるべからず、淨家の人々は專稱唱名の功力に依つて是非々々一回唯心の淨土己身の彌陀の妙相を見屆けでや置べきと決烈の大志を憤起し頭念を救ふが如く間もなく唱へ進みたらんに佛も去此不遠と說給ひたる者を、などや七重の寶樹八功德池の有樣を見屆けずやあるべき、眞言の人は陀羅尼微妙の威力に依つて是非とも阿字不生の大日輪を拜し奉るべしと、禪門に於いて一則の話頭を擧揚するが如き精進勇猛の憤志を震つて繰たらんに高野大師も不轉肉身と唱へ給ひたる者を、などかは彼金剛不壞の正體を磨出さずや有べき、何れも死後を待つて利益に預らんと打延し給ふは不覺油斷の至り覺束なきものぞかし、遠き事とな歎給ひそ、八重の潮路を隔てたる唐土天竺の事を見給へ聞給へと云にこそ、遠き事とは歎くべけれ、自心を以て自心を見る吾瞳を以て吾瞳を見るより近き事には侍らずや、深き事とな恐れ給ひそ、九淵の潭の底、千尋の海の中なる物を見給へ聞給へと云にこそ深き事とは恐るべきなれ、吾心を以て吾心を見る、吾鼻を以て吾鼻を嗅より近き事には侍らずや、世は末世なれども法は更々末世ならず、末世なりとて打捨顧み給はずば寶の山に入りながら自ら飢凍を苦しむか如し、末世には去事は及ばぬ事とな恐れ給ひそ、遠は惠心院の僧都、近は赤澤の即往、山城の圓愚、何れも稱名の力に依つて右の素懐を遂給ひたるぞかし、法然上人も此望は深くおはしけれども先達なき故に翼短うして長空に翔らざる心地なりと宣ひき、末法澆季の驗にや、近代惡き風俗起りて出家も在家も見習ひ聞習ひになりて今時妙法の佛心などを見んと計るは鰻が木にのぼらんとする心地なるぞとて闇々と一生を過行事淺ましさ心ばへならずや、是は左ながら過分の田地を譲れたりし百姓の子共數多在べきに其内一人輭弱不肖にて然も口利て少黠しげなるが曰く、今時吾々風情の柔者共が先祖昔の人々の眞似美して農業耕作などして大勢の妻子眷屬など養育せんと計は及びもなき事なり、それは左ながら家鴦が鷹の眞似して鶴と組で落さんと羽づくろいするが如く、跛鼈が鯉魚の眞似して瀧上りせんとて頭さし伸るに似たる事ぞ。片腹こそ痛けれ、左しもて行たらんには必ず鎌にて水をなん呑べきぞ。存じもよらぬ事なるぞとよ。つもりても見よや和殿原や我等如きの疲孩子者どもが、芝野を見が如なる草生茂りたる田地を草刈切立、耕し水載、鉏上種子かし早苗し、植つけ耘り、刈干こきあげ、糠すり繩なひ。菰あみあげ高あぐらして詠め見んずる事。あだや通途にて遂らるべさ事かは、それは昔物語なるぞ、あらぬ樣なる端立なるぞや、夫よりは安々と拔入袖して世渉るすべはある事ぞや、かなたこなたあるきてゝ五日三日宛の日は送らるゝぞかし、肩有つて著ずと云ふ事なく、口有つて食ずと云ふ事なしと聞ものを、殊更何某の國、何某の侯は仁德厚おはして我々如き者をば扶持し給ふと聞なるに、果はそこへなり行べきぞ、斯許りよき事のあるになに歎く事の有べき、手足をなん動して自力にて口過さんとかゝるは又なき僻事なるぞ、心慮ひなしそ、初より下手に組むがよきぞ、働だてなしそ、かせぎ振見するな、一二枚ある古着も脫すて菰をなん被りて我々は告る方もなく居ご立ごに迷ひたる貧窮下賤の者に侍り、哀れ助け給ひてよと打泣々往たらんに慈悲深き世の中なるものを、などロ一つばかりすぎ兼る事のあるべき、少しも疑ふ心なうて、兎せよ角せよと敎られて悅び勇て誰々も兼てより斯なん思つる事よとて生れもつかぬ貧者に成て一生を送るに似たり、此等の輩を自暴自棄の人と云ふ、臨濟大師は甘つて下劣人と作ると呵責せられたり、是は左ながら魚の水中にありながら我等風情にて水など見んと計は及びもなきことなりと歎き、鳥の長空を翔りながら、今時長空などを見んと計るは存じもよらぬ望みなりと悲むに似たり、殊にしらず十方法界の中眞如ならざる國土なく妙法ならざる衆生なき事を、惜むべし、唯心の妙法寂光淨土のまつたゞ中に住ながら生前には娑婆なりと偏執し、衆生なりと妄想し、死後には地獄なりと見錯り、無間なりと泣悲む事皆是目前に充溢たる妙法の佛心、前後に澄湛たる法性をば及もなき事なり、存じもよらぬ望みなりとて打棄筋なき妄想情識の料簡を頼みて空く暮せるより起る事なり、惜みても惜むべきは、三界無比の妙法醍醐上味の經典なれども、敎の如く修行する人なき故に文車に稠載たる世の並々の書籍と共にあり甲斐もなくやみ〳〵と朽果穢土淨刹と見違ひ三塗六趣と思ひ成事歎の中の歎ならずや、問ふ、敎の如くとは如何なる敎をか指や、四安樂の法門か、五種の法師の行持か、曰く然ず方便品に謂ゆる開佛知見道故出現於世の本文、經中の眼目なり、番々出世の如來無量恒沙の法を說給へども何れも一切衆生の佛知見を開かしめん爲なり、然らば佛知見の望なくて如何なる法を行じたりとも諸佛の本懐に契事は努々これ有べからず、開佛知見とは一心の妙法を發明する事なり、悲みても悲むべきは今末世澆季の世の中なれば、一心の妙法の沙汰はすたれ果て、思ひ〳〵の有樣なり、たま〳〵有るに似たるも此頃は皆々敎へ事になりて云甲斐もなき風情なり、大日經にも如實に自心を知るべしと說給ひたるものを顧る人さへなけれ、法華經の敎に隨はず、妙法は何地に有もしらでうろ〳〵として西ぞ東ぞとて混さわぎに騷廻りて、佛道なりとて月日を送るは、譬へば此に大福長者あらんに、初め多少の艱難を經て限りもなき田地を切開きて爾等も此田地を耕して我如く大福長者になれとて大勢の子供に優劣もなく、過分の田地を讓り與へたりしに、父の敎に隨はずして何れも他國に流浪し、人の門戸に傍乞食するものあり、我は鏡とぎなりとて瓦を把て磨行もあり、粟稗の鳥を追てすくみ居るもあり、長者の子なりとて自身は乞食非人の體にて乱りに人を輕しむるもあり、田畑の帳面ばかり每日繰かへして田畑の有處も知らぬもあり、帳面さへあれば恐るることはなきぞとて恣に悪行を行ずるものあり、我は長者の作法を知りたりとて飢渇て作法ばかり行ずるもあり、田畑の有處もしらで晝夜に田畑々々ど叫もあり、田地の廣大なるを少し許り見付て大橋慢して婬酒食肉心に任せて乱行なるもあり て、長者の心に契たる子は一人もなきが如し。田地とは一心の妙法を指なり、帳面とは諸經論を云ふなり、人の門戸に傍て乞食するとは、かの開佛知見の大事は自身艱難刻苦して冷暖自知する事なるを末世になりては人の教を受て正體もなき事を聞覺て是を大悟とする事なり、これは法華經の中の窮子ならずや、方等部にては四果の聖者をさへ二乘凡夫と呵責し給しものを、人々の教を給ふ通りの埒もなくたわいもなく、縄にもかづらにもかゝらぬ事ならば、何しに佛は六年まで雪山に閉籠て皮骨連立し絲を以て瓦を編立たる如く瘦衰へ、蘆すゝきの膝を突貫きて臂まで穿ら拔たるをも覺え給はん、目のあたり雷の落て牛馬を打殺したるをも御覺ゐましまさぬ程、苦吟し給ひて初めて佛知見を開き給ひたるは如何なる事ぞや、蓋し佛道も上古は大いに難く今時は大いに易しとするか、且蘿蔔を煨し芋栗を煮るが如く初めは硬く、後には輭かなるものとするか、今時の易きが是ならば古への難きは非ならん、古の難きか是ならば今時の易きは非ならん、古の難きは苦吟する事は甚だ苦吟す、纔に發轉する時は忽ち賢聖佛祖たり、那邊を透過し今時を透過して毫釐も觸著すれば電轉し星飛ぶ、今時の易きは殊勝なる事は甚だ殊勝なり、望み見る時は畵圖の賢聖僧の如し、纔に發轉する時は依然として困魚箔に止り、跛鼈甕裏に落つ、今時を透らず那邊を透らず、撈著すれば瞎驢氷稜に上る、今時の易きを取んか、古への難きを取んか、如何に末世なればとていひ甲斐もなき有樣なり、古人も末々は禪法も正體もなく成果べきを知給ひけるにや、妙心を瘡紙に求め正法を口談に付すとは兼て悲み云ひ置れたるなるべし、此事もし紙授口傳にて濟べくば神光の臂を斷ち、玄沙の足を傷ひ、法心は頭腫れ法燈の涙を落す事はこれあるべからず、人は兎もあれ角もあれ、我は是非〳〵晝夜に間もなく首題を唱へて眞の法華のあり樣を見屆くべきぞと親切にさへ唱へ給はゞ、雪山には入らず頭は腫ずとも、決定必定自性の妙法蓮華は麗しく開け侍るべし、たゞ肝要は自心の妙法を見屆ずば置まじきぞと望み深き程貴き事は無事なり、如來世尊も自心の妙法を見屆け給はざりし間の流轉常沒の凡夫に少しも違ましまさで、生死往來し給ひき、末後雪山に於て自心の妙法を見付給ひて初て正覺を成就し給ふ事なり、瓦を磨とは八識頼耶の無分別識を認て本來の面目なりと合點して、妄念さへ無れば其迹は鏡の如くなる佛心ぞ　只鏡の萬境を寫して鴉は黑く鷺は白く、柳は綠に花は紅に少しも錯らず照せども、毫釐も迹を留ぬ如く時々に勤めて拂拭せよと敎られて晝夜に妄念を拂ふは瓦を磨き粟稗の鳥を逐に同じ、是を識神を認むと云ふ、山河大地を照破する光明の發する事はなき事なり、此類の修行は昔より大唐にも間多き事なり、南嶽大師の馬祖の庵前にて瓦を磨き給ふも馬祖に此の意を知らしめん爲なり、去るに依つて長砂大師の偈に曰く『學道の人、眞を識らざることは、只從前識神を認むるが爲に、無量劫來生死の本、癡人喚んで本來人となす、』と是故に慈明眞淨息耕大慧等の祖師齒を切つて觝排して親切を盡されし事なり、其外の諸師の有樣は逐一擧するに及ばず、大凡三世十方の間に見性せざるの佛祖なく、見性せざるの賢聖はなき事なり、是萬古不易の大綱なり、見性とは法華眞の面目を見屆くる事なり、此望なくて種々の事して佛法なりと心得るは船頭もなき大船に幼童多く競ひ乘て何地へよるべき湊もしらで、かなたへ漕が好ぞ、此方へ漕が好ぞとて思ひ〳〵に櫓械推たて昨日は東の方へ潮に隨ひて漕ぎ漂ひ今日は西の方へ汐に隨つて漕ぎ漂ひ終に海中を出ること能はず、其の船中へ案內しりたる船頭忽ち打乘り磁石を見定め楫を把る時は一日の內にも思ふ湊へ着く事なり、船頭とは見性の大志なり、磁石とは正法の指南なり、楫とは平生の志行なり、如何にして妙法の湊へは漕入べきぞとならば一切の行人は佛を求め祖を求め、涅槃を求め淨土を求めて外へ〳〵と漕出る風情なり、故に轉求むれば轉遠く轉尋ぬれば轉遙なり、眞正妙法の行者は卽ち然らず、自己本有の妙法は如何なる物ぞと推究て佛を求めず、祖を求めず、彼妙法は內に在とやせん、外にありとやせん、內外中間にありや、又靑黃赤白なりや、是非〳〵一回見屆けずば置くまじきぞと、十二時中一切處に於て間斷なく、猛く甲斐〳〵しき氣槩を推立流石の者が思ひ立たる事を遂ずや置べき、仕果ずやあるべきと寢ても覺ても起ても居ても捨おかず、晝夜に點檢して或時は打返して恁麼に尋る底是何物ぞ何物ぞと尋る爾は是阿誰と進み入る、是を獅子人を咬の法と云ふ、心の妙法は如何〳〵とばかり尋ねもて行を韓獹塊を逐と云ふ、唯兎にも角にも萬事を放下して無念無心になりて南無妙法蓮華經〳〵と唱へ給ふべし、此外別に有難き法理の老僧が書送るべき事ありと思さば上もなき錯りにてこれあるべく候。南無妙法蓮華經

延享第四丁卯曆仲冬廿五日　　沙羅樹下老衲書

右管々布。長書、披覽も六箇布侍るべけれども、此れを序に菴居の人々も一

覽ぜらるべければ法施にもなれかしの心にて書續けたるにて候、至極の旨は自心の妙法を是非〳〵見屆くべしと思して絶間もなく首題を唱へ給へとの心にて候。

『老夫此の草書を裁し畢つて竊かに看讀す、時に一僧あり予が傍に在り、是れ予が舊友の僧なり、讀んで法華眞の面目と云ふ處に到つて長吁して曰く、師復た止啼の金葉を掃ひ給ふか、予勃如として曰く何と謂ふことぞ哉、爾吾が草書を以て黄葉と爲る乎、是れ金なり黄葉には非ず、此の書の如きは法華本文の大意を汲んで書す、爾指して以て黄葉と爲す、是れ法華を謗する者に非ずや、誹謗正法の罪累、懺悔を容るゝに所なし、爾那處を指してか以て黄葉と爲るか、僧低頭して曰く今近遠住菴の諸士各々英豪の才を懷いて枯淡を忘れて坐し、軀命を抛つて分離する。舊宅を借り廢祉に潜んで十年五歳する者は師の惡毒の苦乳を甘つて分離するに忍びざる者なり、今歳狂浪田園を洗ひ粒米を留めず、民家各々妻孥を携へて竊かに他方に往かんと欲す、予杳かに嗟悼すらく、已ぬる哉鵠林住菴の緇侶、一箇も錫を留むる無く禪苑の荒蕪之に過ぐべからず、近ごろ一僧あり曰く飽煖を探り鬧熱を慕うて朝秦暮楚する底の庸常下劣の族は閣いて論ぜず、眞實辨道、透過を求むる底の舊參の上士は一箇も去らず、其の精進勇鋭前月に十倍せり、五箇黨を爲し十箇絆を結んで此の水邊彼の林下に食せず寢ざる者或は五日或は十日、盡く言ふ此れ是れは凶年飢歳を守る、佛法の格式叢社の古實なりと、瘦せたることは考妣を喪する人の如く、衰へたることは重痾に罹れる人に似たり、凍餒困苦、鬼神も亦涙を落すべし、波旬も亦掌を合はすべし、今時諸方の叢林、佛閣の高貴、僧舍の嚴麗、二輪並べ轉じ、四事重ね備ふ、而るを顧みずして何の心ぞや、貧困飢凍、窮餓交煎の巷に在つて耳に聞く所は師の惡言苦罵、口に投ずる所は佗の粟麥粃糠、心の可なる底の事一滴も亦無し、然るに彼れ亦五尺の身を容るゝに所無き所以の輩に非ず、盡く是れ今時叢林頭角の上使なり、只各々透過を求ざるに急にして其の餘は總に顧みざる者なり、予聞き得て大に歡踊して曰く且喜すらくは佛法大に人を得べきの時なりと、師も亦宜しく向上の鉗鎚を提起して實參實悟の上士を求むべし、隨他意の說に渉つて第二機を以て人を接せば大に人を損せん。必ず他の悟門を妨げて蟲の氣息ある底の漢子も亦得ること能はず、予が如きは三十年前、師の提携に依つて精錬刻苦、多少の艱辛を喫し盡して本有の佛性を見得し法華眞の面目を徹了して一念三千の妙理、三諦卽一の奧義に於て毫釐も疑惑無し、師亦吾を以て法華眞の面目を見得したりと爲して許可し給ひき、予も亦心に竊かに謂へらく天下既に定まりぬ。近頃師の碧巖錄を評唱し給ふを聞くに恰も田夫の杳かに階下に立つて中書堂上諸君の公儀を聞くが如し、瞽者の眸を張つて湘水の佳景を窺ふが如く、聾者の耳を欹て、洞庭の雅樂を聞くに似たり。此に於て大に力を失して慚汗腋に滴つて傷涙胸に滿つ、從前の苦修尺寸の功を立せざる者にあらざる者に似たり。初め吾が德力、師と一般なりと謂ひき、今予を以て師に擬するに疲羊の駿驥を指して吾が父なりと稱するが如く、跛鼈の神龍を指して吾が師ありと道ふに似たり。心に竊かに師を以て吾を賺し給ふ者と爲して懊々として樂まず、師今又法華眞の面目の事を書す。一見して怨恨乍ち發す、故に言ふ又是れ止啼の金葉を包むと亦宜ならずや。住庵の諸子も亦今往々此の歎息あり、況んや師も亦諸人辛勤して得る所を指して棺木裏の禪と稱するをや、予が曰く寔に其事あらん、嗟子來り進め、伱老松の丘壑に秀づるを見る麼、枝柳九霄を衝き根盤三泉に徹す、上に百尺の絲あり下に千歳の苓あり、勢ひ蛟龍の霧を攫んで長空に上らんと欲するが如し、下に青々たる一寸の松あり猶甲子を戴いて立つ、指にても拔くべく爪にても截つべし、此の二つの物を指して他に問うて曰はん、是れ什麼ぞと、他必ず言はん、共に是れ松なりと、唯歳月を積んで養ふと養はざるとに在るらくのみ。言こと莫れ歳月是れ可なりと、伱若し一個の死棺材を守つて鬼家の活計を作し了らば縱ひ積んで驢年を重ぬと雖ども甚麼の用を作すにか堪へん、古へ張氏の子あり、兄を張五と稱し弟を張六と曰ふ、兄弟糧を裹んで遠く百里に往く、中路にして各々金一挺を拾得せり。大に歡踊す、而して後索居互に死生を知らざる者此に三十餘歳矣。六その兄の事を思うて四方に尋逐して其兄の所在を認め得て杳かに來つて相訪ふ、其兄の室を望めば水磨列り鳴り轂車轟き過ぐ、牛馬槽櫪を列ね家鵝溝瀆に滿つ、簫竿遠く流へて歌聲抑揚す、佳賓の往くあり高客の來るあり、六、震ひ恐れて直に門閾を越ゆること能はず腰を折り膝を屈めて畏る畏る名刺を出せば雙童來り迎ふ、容貌秀麗態度高雅なり、踽踏して從ひ進めば屋壁の麗、堂宇の美。康藝が室に入るが如く石奴が堂に上るに似たり、魂蕩け股戰いて坐せん所を知らず。少らくあつて張五婢妾に扶けられて錦張を挑げ出づ、待女圍み羅つて綺羅魂を驚かし繡紋目を奪ふ、金爐千花の芳を吐き玉佩百禽の音を流ふ、頭紅羅の帽を穿ち、肩紫錦の袍を掛く、綠熊の茵に坐し紫檀の机に凭れり、奢の眸り虎の如く抗れる肩鳶の如し、六、一見して覺はず頭地に到る、身體委み縮つて啼泣して休まず。頭を擧げて正しく視ること能はず、張五徐々として告げて曰く吾が弟何ぞ來ること晩つる、胡爲れぞ其れ此の如く郎當なるや、六、涙を拭ひ畏々問うて曰く、吾が今兄何れの侯に仕へ誰が家の恩顧を受けてか此の如く尊大、此の如く富貴なるや、張五の曰く我れ人の臣たる所以の者に非ず、我れ人の恩顧を受くる所以の者に非ず、我れは昔者金を拾へる者なり、六が曰く兄の拾へる所その數幾百箇の金とか爲るや、大車の重ね積みける者か、巨船の裹て載せたる者か、天の墜す所か地の埋む所か、遺忘する底誰とか爲る耶。張五曰く然らず三十年前我れと你と何某の路上に於て拾ふ所の者あり、六曰く怪しい哉纔に一挺の金にして此の富貴を得ることや、六此に於てか大に惑ひぬ、恐くは侯白黑の流亞乎、盜跖の部屬乎、若し果して然らば我は早く辭して出でん、出で謀つて九族の難を遁れん、豈坐らにして死亡を待つ者あらんと云ふ、張五唧々とし笑つて曰く你向に拾へる所の者今其れ何れの處にか在るや、博奕して失へる者と爲る乎。

且花酒の惑に罹れる者乎。六が曰く宜なる哉、我が郎落たるを見て我が兄の甚だ怪めることや、願くは左右を避けよ、吾れに一言あり密々に之を告げん、張五纔に目撃すれば妻孥皆退く、六畏々近く進みて曰く吾れ豈博奕し及び花柳を顧みる者あらんや吾が貧しきは金を失はざるにあり、吾が痩せたるは金を護るが爲なり、吾が兄向に曰はずや、伱能く保護せよ亂に費し用ふること莫れと、吾は吾が兄の命を背かざるを以て足れりと爲る者なり、張六既に彼の金を得てより十重包裹して尊重保護すること和珠を懷くが如く夜光を持するに似たり、行くにも亦携へ歸るにも亦携ふ、蚤暮盜竊の難を恐れて三十年未だ曾て心を放して眠らず、人の窺ひ知らんことを恐れて友を絕ち交りを避けて故さらに貧窶の人と爲りて肩百綴の鶉衣を掛け首千補の烏帽を穿つ、人皆吾れを棄て顧みざるを吾は却つて此を以て幸ひと爲す、金を費し盡さんことを恐れて妻孥も亦養はず、常に獨子にして往き獨子にして歸る、常に人緣無き處に竄れて舊舍を尋ねて臥し破廟を求めて眠る、終に客店に入つて宿せず、曾て糟糠にだも飽くこと無し、常に人の門戸に傍うて乞ふ、久しく立つて與へざれば稀に歌ふのみ、彼の金今此に在りと云つて左右を顧みること再三、飽くまで人無きを窺つて頸、垢膩の破布嚢を弛め再三押し戴き十重の包裹を解き左右を顧みて金を出して之に示して曰く、兄の拾へる今に在りや、願くば出して舊交を紹がしめよ、張五笑つて曰く三十年前你に別れて久しからずして彼の金を打失し了れり、六、勃如として熟々張五が面を見、且吾が身を顧みて曰く兄は失へり吾は護れり、吾は護れり兄は失へり、失へる兄は是の如く尊大なり、護れる吾は此の如く貧凍なり、或は目を張り或は額を攅めて板齒唇を咬んで沈吟休まず、少くあつて曰く、護るが非にして窮餓し、棄つるが是にして豐饒ならば後れたりと雖も我も亦棄てんか、願くば之を棄つるの道を聞かん、張五大に笑つて曰く、你が拾へる所は金にして黃葉に劣れり、身を潤すこと能はざるのみに非ず却つて其の身を窮餓し其の心膓を傷賊す、若し黃葉を包めば來往重からず、貧窶を現ずることを須ひず、茅舍の裏に在つて妻子を養ひ枕を高うして睡臥せんのみ、你が護する所は之を棄つる所以の道なり、我が棄つる所は之を護する所以の道なり、我れ初め金を得、你に別て後楊州に行く、金を以て黃葉より輕しとし放つて大に鹽を買ふ、鹽を賣つて足らず、其息を束ねて大に綿絮を買ふ、綿を賣つて足らず其息を放つて大に麻絲を買ふ、麻絲を賣つて、足らず、其息を放つて大に粟米蔬果魚肉を買ふ、人を吳楚蜀魏の間に放つて山海の珍、水陸の美普ねく載せ聚め大店八九を開き、臣商三百人鐘を鳴し鼎に食む、大凡錢を握つて張五が門に入る者糟糠菜薪、鹽醋酒醬此に鬻がずと云ふこと無し。財を積むこと巨萬、陶朱を狹しとし猗頓を屑とせず、倉庫廩庾、甍を並べて列り立て、千頃膏腴の地を求む、松杉の山、梓楠の苑數十を買ひ得て今居を此の處に占む、是れ吾が向に黃葉より輕しとして金を棄てたる所以の道なり、六、立つて再拜して曰く我が兄歲萬、欽み冀くば疾病無からんことを、兄の捨は捨に似て久しく護を勤む、小人が護は護に似て久しく捨を勤む、捨護互に勤めて利害大に異なり、寔に知る智者の手に入るときは則ち黄葉も亦眞金なり、愚者の手に落つるときは卽ち眞金も亦黄葉なり、自ら恨む、三十年心肝を惱まし氣力を盡して實に方寸の功果を立てずと云つて聲を放つて哀號すと、參學も亦斯の如し、初め儞が得る所卽ち是れ人々本具の性唯有一乘法華眞の面目なり、我が得る所も亦人々本具の性唯有一乘法華眞の面目なり、此を見性と言ふ、是の性初め見道より終り種智成就に到るまで毫釐も變遷なし、一鋌大冶の精金の如し、故に言ふ初發心時便成正覺と、教家に此れを十住の初住と言ふ、轉た最後の重關あり、誰か知らん祖庭猶天涯を隔つること在ることを、往々此の一片の所見を擔つて乃ち曰く、我今既に脫兆未發以前佛祖未興の處に向つて立つ、者裡全く生死無く涅槃無く煩惱無く菩提無し、一代藏經は不淨を拭ふ故紙、菩薩羅漢廁穢の如く參禪學道閑妄想、古則公案眠中の翳、者裡今時無く那邊無く佛を求めず祖を求めず、饑飯困眠何の欠少する所か有らんと、者般の見解佛祖も亦醫することを得ず、只日々安閑の處を求めて今日も只恁麼死獗狙地にし去り明日も亦恁麼死獗狙地にし去る、縦ひ恁麼にして無量劫數を歴とも依然として只是れ一個の死獗狙、什麼の用を作すにか堪へん、如來は此れを疥癩野干の身に比し給ふ、鴦掘は呵して蚯蚓の智と爲し淨名は蕉芽敗種の部類と云ふ、長沙は此れを百尺竿頭不動の人と曰ふ、臨濟は湛々たる黑暗の深坑と言ふ、是を見地不脱と言ふ、謂はゆる機、位を離れざれば毒海に墮在する者あり、只一片の所見を執して揩磨淨盡して一生を錯り了はる、彼の張六、一鋌の金を懷いて困倦逼迫去死十分なる如くし、慈明、黃龍、眞淨、晦堂、息耕、大慧の諸老、力を盡して攘斥すれども救ふことを得ず矣、老婦初め七八歲の時母に隨つて敎院に入つて僧の摩訶止觀の中地獄の說相を講ずるを聞く、其僧辯才あり、叫喚無間焦熱紅蓮の苦境を演ぶ、恰も目のあたり見るが如し、一堂の緇素盡く寒毛卓竪す、歸り來つて子が平生の殺業を計るに身の置き所なきが如し、動止悚然肌膚栗々たり、竊かに普門品と大悲神呪とを把つて晝夜讀誦す、一日母と共に浴に入る、母湯の熱からんことを求めて婢をして頻りに薪を添へしむ、浸々として火氣肌を衝き浴盤大に鳴る、乍ち地獄の事を想念して聲を放つて悲號す、哀聲四隣を動かす、此れより竊かに出家を求む、父母許さず常に寺に行いて經を誦し書を讀む、十五歳にして出家自ら誓つて曰く願はくは肉身にして火も燒くこと能はず水も溺らすこと能はざる底の得力を見ずんば死すとも休まずと、晝夜孜々として誦經作禮、病惱或は針灸の間に於て點檢するに其の痛痒平生と異なること無し、心甚だ歡びず曰く我既に父母に背いて出家、未だ方寸の功果を見ず、我れ聞く法華は一代の經王にして鬼神も亦欽む、往々幽冥苦界の人、人に託して救を求むるに必ず法華を言ふ、熟々謂ふに他人の讀誦するすら且其苦患を拔く、況んや自身讀誦せんをや、且又經中必ず甚深の妙義あらん、此に於て親しく法華經を把つて窮め見るに唯有一乘諸法寂滅の文を除いて餘は皆因緣譬喩の說なり、此の經若し者般の功德あらば六經諸史百家の書も亦功德あるべし、豈特り此の經をしも云はんや、大に懷素を失ふ、實に十六歲の時なり、十九にして因に正宗贊を讀む、巖頭和尙末後盜賊の爲に害せられて叫聲三里の外に徹すと、予謂へらく徹することは甚だ徹す、如何んせん盜賊の戈矛を免れざることを、嗟、巖頭和尙の如きんば僧中の麟鳳佛海の蛟龍なるすら且然り、死後豈獄奴の杖子を免るゝことを得んや、若し果して爾らば參禪學道何の益かあらん、佛法麼偲に虛誕なり、悔ゆらくは身を以て此の妖邪の隊裏に投ぜしことを、今夫れ如何すべき。此に於て大に懊惱す、食はざること三日永く望を佛法に絕つ。佛像經卷を見ること泥土の如し、專ら俗典を讀み詩文を弄して少しく憂愁を忘る、二十二にして若州に往いて虛堂の勝會に交り乍ち省覺す、其後豫州に在つて佛祖の三經を讀んで大に猛省す、晝夜無字を提起して片時も休まず、只愁ふ純一無雜打成一片なることを得ざることを、又愁ふ寤寐恒一なることを能はざることを、二十四歲の春越の英巖の僧舍に在つて苦吟す、晝夜眠らず寢食共に忘る、忽然として大疑現前して萬里一條層氷裏に凍殺せらるゝが如く胸裡分外に清潔にして進むことを得ず、退くことを得ず、癡々呆々として只無の字有るのみ、講筵に陪し師の評唱を聞くと雖も數十歩の外にして堂上の議論を聞くが如し、或は空中に在つて行くが如し、此の如き者數日、乍ち一夜鐘聲を聞いて發轉す、氷盤を擲碎するが如く玉樓を推倒するに似たり、忽然として蘇息し來れば自身直に是れ巖頭和尙三世を貫通して豪毛を損せず、從前の疑惑底を盡し氷消す、高聲に叫んで曰く也太奇也太奇、生死の出づべき無く菩提の求むべき無し、傳燈千七百箇の葛藤、一揑を消するに足らず、此に於て慢幢山の如くに聳ち憍心潮の如くに湧く、心竊に謂へらく二三百年來予が如く痛快に打發する底之れ有るべからすと、一段の所見を荷うて直ちに信陽に行く、正受老師に謁して所見を演べ偈を呈す、師左手に言偈を握つて云く者箇は是れ學得底、那箇か是れ見得底と云つて右手を伸ぶ、余曰く若し見得底の師に呈すべき有らば須らく吐却すべしと云つて嘔吐の聲を作す、師云く趙州の無字作麼生か見る、余が曰く無字甚麼の手脚を著くる所か有らん、師指を以て余が鼻を拗つて云く多少か手脚を著け了れり、余擬議す、師大笑して云く此の守藏窮鬼子と、余顧みず、師云く儞恁麼にして足れりと爲るか、余云く甚麼の不足の處か有らん、師南泉遷化の話を擧す、余耳を掩うて出づ、師云く闍黎、余頭を回らす、師云く此の守藏の窮鬼子と、一夕師納涼して檐端に坐す、余又偈を呈す、師云く妄想情解、余高聲に叫んで云く妄想情解と、師卽ち予を捉住して瞋拳二三十終に堂下に突き落す、時に五月四日の夜、霖雨の後なり、予泥土の上に在つて偃臥して氣息共に盡く、去死十分、動も亦得ず、師檐上に在つて呵々大笑す、少らくあつて穌息し起き來つて作禮す、通身汗流る、師高聲に叫んで云く此の守藏の窮鬼子と、此に於て親しく南泉遷化の話に參ず、寢食共に廢す、一日些の省覺あり、入室種々下語すれども契はず、只云ふ守藏の窮鬼子と、予心に竊かに謂ひらく辭し去つて他方に往かんと、一日城下に往いて托鉢す、狂人あり苕箒を把つて予を打たんと欲す、予覺えず南泉遷化の話を打破す、其餘の數段の因緣、疎山壽塔の話、大慧荷葉團々の頌、自ら謂へらく盡く打發すと、歸り來たつて所見を演ぶ、師總に可否せず、只微々として笑ふのみ、此れより守藏の窮鬼子と言ふことを休む、其後省悟大に歡喜する者三兩回、恨む所は語路、到あり不到あり平生燈影裏に行くが如し、歸り來つて病に如何老人に侍す、一日息耕老師南浦和尙を送る偈に、相送れば門に當りて修竹あり、君が爲に葉々清風を起すと云ふを看讀して大に歡喜す、夜光を暗路に獲るが如く覺えず高聲に云く我れ今日始めて語言三昧に入得せりと立つて禮拜す、其の後行脚して路勢陽を歷て一日大雨を衝いて行く、雨水膝に到る、廓然として深く荷葉團々の句中に入得す、歡喜立つことを得ず、身を放つて水中に倒る、起立することを忘却して腰包皆浸す、行人怪しみ立つて扶け起す、予呵々大笑す、人皆以て狂せりと爲す、其冬泉州信田の僧堂に在つて夜坐す、雪を聽いて得所あり、翌年濃東靈松の僧堂に在つて經行、忽然として從前多少の所得を打失す、大に歡喜す、三十二歲にして此の破院に住す、一夜夢らく吾が母紫絹衣を以て予に附す、提起して兩袖甚だ重きことを覺ゆ、之を探るに各々一面の古鏡あり、徑り五六寸可り右手なるは光輝心肝に透徹す、自心及び山河大地澄潭の底無きが如く、左手なるは全面一點の光輝無く其の面新鍋の未だ火氣に觸れざる者の如し、忽然として左邊の光輝右邊に勝ること百千億倍なることを覺ゆ、此れより萬物を見ること自己の面を見るが如し、初めて如來は目に佛性を見ると云ふことを了知す、後來因に碧巖錄を取つて讀む、從前の所見と大に異なり、其の後一夜法華經を把つて讀む、乍ち法華圓頓眞正の奧義を徹見して最初一團の疑惑を打破す、從上多少の悟解了知大に錯り了ることを覺得す、覺えず聲を放つて啼泣す、須らく知るべし參禪は甚だ容易ならざることを、今放蕩老懶毫釐も取るべき所無きに到ると雖も自ら覺ゆ四十年終に空しく光陰を送却せざることを、是れ張五楊州に在つて金を放つて艱辛せし所以の者に非ずや、予も亦吾子に効つて一旦の所見を擔つて揩磨淨盡して一生を錯り了らば彼の張六が一錠の金を死守して其の身を窮餓し其の心肝を困煎せしと何ぞ異なることを得ん、天竺には此れを二乘長者の窮子と言ひ漢土には此れを默照邪禪の流類と言ふ、是れ皆菩薩の威儀を知らず、佛國土の因緣を明らめざるが致す所なり、今時往々一片の空理を擔つて佛を會し祖を會し古則公案を會し了つて盡く言ふ、棒の如くの陀羅尼の如く一喝の如しと、大に笑ふべし。勉旃諸子、佛道深遠なり、須らく知るべし、海の轉た入れば轉た深きが如く山の轉た上れば轉た高きに似たることを、若し自家得力の當否如何を知らんと欲せば先づ須らく南泉遷化の話に參ずべし　昔、三聖秀上座をして去つて長沙の岑禪師に問はしむ、南泉遷化の後作麽生、沙云く石頭沙彌爲りし時六祖に見ゆ、秀云く沙彌爲りし時を問はず、南泉遷化の後作麽生、沙云く伊をして尋思し去らしむ、秀云く和尚千尺の寒松ありと雖ども且つ條を抽ずる筍無し、長沙無語、秀歸つて三聖に擧示す、三聖覺えず舌を吐いて曰く臨濟に勝ること七歩と、此の語若し見得分明なることを得ば儞に許す、小分の相應を得ることを、何が故ぞ人無きに獨語すれば其の賤しきこと鼠の如し、何を以てか驗と爲ん、牙を皷すること三下合掌して曰く、漸。

終

土臺記憶法

緒言

現今諸般の學術の進歩に伴ひ、過度に心神を使用する爲め、極度の疲勞を來し、諸種の疾病を惹起し、無慙にも、此の生存競爭の活社會に落伍者として葬られ、悲歎にくるゝものゝ、日々に增加しつゝあるの有樣を痛歎し、皆其の原因の心神極度の疲勞にあつて、而かも記憶と不攝生とに、大なる關係の存在せることを知り、此處に余は出來得る限り心を攝し、腦の疲勞を防ぎ、不攝生の不合理を說き、合理的なる腦の修養法を說述し、尙又出來得る限りの短時間を以て、難中の難なる諸學術の各課に亙る記憶を容易。且つ、確實に、腦中に記憶し得るの方法を案出し、廣く諸彥に公開して如上の恨事を一掃し喜びを得んとするものである。而して、文章は平易簡明を主とし、小六ヶ敷き理屈や、外語は成可く、使用せぬ樣にし、通俗的に說述する考へである。

尙一應申上て置かなければならない事は、此記憶法は最初は一寸平凡に感じ、又應用に困難を感ずる樣思はるゝ方もあるやも知れないが、充分其の原理を究めて實地に當つたなれば、決して左樣な事なく終りには非常に役立つて、一日も缺く事の出來得ない迄に至るものである。

初めは十時間を要する事も、三時間位にしか短縮する事が出來ないが、旬日を經るに從つて、次第に應用も廣くなり、又時間も早く、尙確實に腦中に記憶する事が出來るのであるから、諸君は成可く、始めから終りまで、充分讀みこなし、原理の那邊にあるかを了得し八方に實地活用せられん事をお願ひする。

又中には記憶法は、一種の靈法や、魔法の樣に、神祕視される方もあるが、決して左様なものではない、尤も、熟練してくると、殆んご神の様な事も出來るが余の說く處のものは、專ら學理的に、腦力の攝養を圖り、而して人の氣の未だ付かない、微妙な点を捉えて、記憶法の根本原理としたのであるから、何事でも、靈法や魔法の様に、一瞬の間に、記憶してしまうと云ふ事はできない。

而かし、例えば普通の人が十時間を要する事は、熟練するによつて、二三十分、乃至、一時間位で、充分に而かも確實に、記憶する事が出來るのであるから、殆んご魔法に等しい樣な力を見ることもできる。

なれご萬能の靈法等とは全然異なる事は豫め御承知を願ひたい。

第一章　記憶こは何ぞ

記憶は、人間の能力の中で、最も不思議な作用をなすもので、事に臨み、見聞する諸事諸般の事項を留めて、時に及んで之を想ひ出し、活用の出來るもので、若し人間にして此の記憶の能力を有せず、想起す事が出來なかつたなら、智識の發達は勿論の事、人として何等の價値は無いものとなるのである。

記憶は、今日の學者が種々の學理を研究するにも之を要し、宗敎家、敎育家、生徒は尙更の事、生を此の世に持つ者は、皆此の記憶を離れて、事を成し、進步を圖る事は出來ないのである。

斯樣に吾々人類には、記憶は最も必要であるが、此の吾々人類に與へられた、記憶の能力は、未だ完全な、合理的なものではない。

世には多くの人々が記憶力の弱いのを慨いて、立身成功を圖らうとはせず、又、中には生存競爭の渦中に入つて、心身を害し、學生なれば勉學中過度の腦力費消の爲め、神經衰弱其他の難病を起し、あつたら人生を、闇に暮す人が少くない。

尤もの次第であるが、偖て何故に此樣な事になるかと云ふに畢竟是れは記憶の原理に暗く、勉學の方法を、あやまり、又攝生法が合理的に行はれないによると思はれるのである。

抑々此の記憶の務めは、其名の如くであつて、過去の經驗し見聞せる事を其儘再び之を心中に繰返し、若くは思つた當時の意識を伴つて、之を心中に現す作用である。

此の記憶に際し、最も短時間で、且つ確實に、又永久に記憶することが得られ、尚左程に腦力を使用する事なく、隨時に想起する事が出來たなら、最も理想的な、完全なものと云はなければならない。

一体記憶の强弱は、先天的に因るものであるが、後天的には、注意の度によることが多い。

其の記憶に際して、物事を心に印象することが、一般に深く且つ整然と行はれて居たからば、如上の如き欽点は、餘程緩和されるものであるから、此の印象に今日の人は充分注意せられて、記憶に向つたから、後天的に記憶を增長せしめる事は斷じて疑ひの餘地がないのである。

又一つ此處に必要な事は、注意力に伴ふ處の觀念力である。此の觀念力によつて、先の注意力を結合し、確く心に刻む事に依つて尙一層の光輝を見るものである。

是れを以つて吾々が若し、注意力を發達せしめ、之を强壯にし、且つ巧みに我が觀念と觀念との結合に注意したならば、吾々の心の想起力を、其の把持力と、殆んど同等にし、吾々天賦の記憶をして、大いに發達せしめ得る事が出來るのである。

第二章　記憶を增進せしむる方法

古來より記憶を增進せしむる方法としては、幾多の傳說、幾多の書籍に散見する處によつて略其の大要を知る事が出來る。
然し乍ら是等古往の傳說、書籍による處のものは、多くは迷信に流れ、或は、方術に流れて根本となるべき身心の事に就ては何等の見解も下されて居ないのである。

古來文殊菩薩は智慧の菩薩となし、之を信仰することによつて記憶を增し智慧の泉を作るものとせられ、又は、草木の類を食し、或は何月何日或る方法による時は記憶の能力を增すものとの、觀念を有し、實行されて來たものであるが、之等は勿論迷信の部類に屬するもので到底耳を傾向ける程のものではない。

記憶は、吾等の少年時代に置ける時は、比較的良好であるが、老年に及ぶに隨つて次第に減退して行く事は事實である。其の原因の如何なる理由かは未だに發表されては居ないが、血液の循環の良否によることは爭そはれぬ事と思ふ。少年時は多く血液の循環良好なるものであるが、老年に及び次第に不良好となる事は諸君も熟知の事と思ふ。此の血液の循環の良否は一方記憶の良否に關係あるばかりでなく、健康の上に非常なる關係を有するものである。血液の循環を良好にし、身体の健全を圖ると云ふ事は、單に健康を得る計りでなく、記憶に於ても非常の關係をもたらすものである。

斯の如く身体の强健を得ると共に記憶の能力を旺盛にするものとしたならば健康を得ると云ふことは、又記憶力を增すと云ふことになる故に吾人は、先づ健康ある身体を得る事に努力し、間接、直接に記憶の能力を增進せなければならぬ。又、健康は、完全に得られ血液の循環は良好なるも、其の精神亂脈なる時は、之又完全に記憶を增進する事を得ざるばかりでなく、記憶自体を得ることすら出來得ないのである。

されば健康を得ると共に精神の清澄を圖ると云ふ事は、又記憶の能力を增進するの方法とあるのである。故に完全に記憶の能力を旺盛ならしめんとするには、体的修養として身体強健法を、心的修養として、内觀法を修せなくてはならぬ。（本書身心强健法中、『身体强健法』及び『内觀法』參照

次に、人工的に記憶の能力を旺盛にし、尙又一度記憶せる事項も、隨時隨所に於て想ひ起す能力を養ひ、或は生來の記憶の能力をして其數倍又は數十倍の能力を發揮し、且つ一度記憶せる事柄は永久に忘却と云ふことのない樣にする方法は方術的によるのである。是れは現今各所に於て唱へられる方術的記憶法である。

第三章　記憶法の原理

吾々が日常人と對談したり、仕事したり、演說等を聽いたりする時に、其の對談中相手方の話の模樣・例へば「今日高い山に登つて頂上から遠方を眺めた時、遠く四國の方より大阪灣に至るまで、畵に書いた樣に見えた」。等の話の中に、若

し自分に、今日は四國の何處にか行かなければならなかつたか、手紙でも出さなければならない事があつた時、つい失念して居たのが、四國の言葉を聞いて其の事を思ひ出し、又仕事中空腹を感じて、鳥や獸に餌をやる事を思ひ出し、中には演説中の言説に、自分が曩に決心した事や、信條等の長日月を經た爲めに、失念して居た時に、其の失念して居た決心の事や、信條等の言説によつて、以前の事を想起する事が幾度もある。斯樣に一度記憶したる事項が、長日月を經て、自發的でなく他發的に、古い記憶を呼び起す事が、吾々には多く見るところの事實である。

一体人間は一度見聞した事は、容易に記憶を去るものではない。只之れを隨時隨所に、意のまゝに想起することが出來得ないのである。故に吾々が一度乃至二度、見聞した事は、他力的でなく自力的に聯想し何時何處に於ても、想起し得て活用の出來る樣にしたならば、記憶は完全のものとなるのである。

余の今述べんとする記憶法は、此の原理を用ひて、容易に一度見聞した事は、隨時隨所に於て想起することの出來る樣說述し、老若男女を問はず、普通理解力のあるものであつたならば自由自在に、應用の出來るやうにしたものである。

尙此の原理應用以外に、生理的方面からも記憶を强めんと、古今最も優れたる處の運動法と、神秘なる精神の修養法を說述し、生理的に血液の循環を旺盛にして、身体の强健を圖り、腦力の健全を保持し健康と記憶の兩者をして完全にし、此の活社會に立つて、一步も退くことなく、益々自己の意志をして遂行成就せしめんとするものである。

又今余の說かんとする方法による時は、二つの大なる得点がある。其の一つは本法を應用する時は、短時間で且つ確實に記憶し得る事と、他の一つは、記憶の中で一番閉口する忘却とか失念と云ふ事が少くなることの二つである。

忘れると云ふ事が少ないから想起と云ふ事は自由自在にある。

第四章　記憶法の骨体

次に獨特の記憶法を應用せんとするに際して、充分心得て置かなければならない事項が四つある。左の四つが卽ちそれである。

一、結合觀念
二、注意觀念
三、印象觀念
四、土臺選定

結合觀念と云ふのは、何事も記憶に際して覺えんとする事項を或る事物に結び付ける心的方法である。例へば、市街步行の場合、此處彼處に、購入すべき物の見當つて後日之を求めんとする時、其の店名を記憶に際し、自分の身邊あり、自分の家族なりの、一人又は二人に、結び付けるである。即ち、店名が、大和屋であつた時、若し自分の家族の中で、大和から來たもの丶あつた場合、夫れに結合して置き他日其の家族を想起して、大和屋の店名を思ひ起すことである。

注意觀念といふは、是れは最も記憶に必要なる事項で、此の注意と云ふ事がなかつたならば、記憶は全然行はれないのである。

印象觀念といふは、此の注意觀念により深刻に記憶事項を自己の心に印象を與へる事であつて、此の方法が完全に行はれるに至つては、忘却も少く、間違もなくなるものである。

次に最も必要事項とするは土臺の選定である。

此の土臺の選定こそ、記憶法の根本道具となるもので、平凡に見ねて中々平凡でない、大なる必要事項となるのである。

先に結合觀念を述べ、注意印象の二觀念を述べたが、此の土臺の選定が完全に行はれなかつたならば、記憶法も普通の記憶と何等變りはないものとなるのである。

一體土臺とは何んであるかと云ふに、諸君も時々二度目に市街歩行か、旅行の際に各處各處に於て、特筆すべき事項のあつた際、順次歩行につれて、其の家其の場所其の處に於て、其の事項を思ひ出す事があるものでる。其の思ひ出されると云ふのは卽ち、自己が二度目の通行の時其の場所又は家に心の注がれた時、以前の事を想起されるのであつて、家なり場所なりが想起の種となるわけである。

故に記憶に際し、記憶事項を自己の最も順序よく、而かも腦中に良く記憶されて居る或る事に結合させ、後心中で其の結合させたる、事項を順次に想起する時は、難なく記憶事項も糸を引く樣に、思ひ出されるのである。此の場合に結び付けたるものを土臺と云ふのである。

第五章　記憶法の方法

第一節　結合土臺の選定

結合觀念とは、曩に述べた通り、今自己が記憶せんとする事柄を、或る地方、即ち地方にて有名なる處　又は目に見ゆる色々の物や人名にでも深く心に銘じて少しも忘れることのないものに、結合する心的方法である。

故に結合せんとするには、結合すべき土臺の選定が最も必要となるのである。若し土臺と云ふものがなかつたなら、結合せんとしても結合する事が出來なくなる譯である。しからば、土臺の選定には、如何なるものを如何にして定めたらば宜敷いかといふに、實驗上何うしても、手近で卑近なものが、最も良好な結果を見るようである。

例へば、

一、自分の家内中であれば、父、母、兄、姉、自己、弟、妹、末子、

一、鐵道地理で定める時は、東京、横濱、沼津、靜岡、濱松、豐橋、岡崎、名古屋、、岐阜、大垣、米原、大津、京都、大阪、神戸、

一、市街を歩行する場合自分の家より順次に定める時は、床屋、銀行、郵便局、呉服屋、雜貨店、魚屋、本屋、藥局、等の樣に何人も即座に選定する事が出來、而して少しも腦を使用することなく又間違ひの絶對生せないものが宜敷しい樣である。

第二節　結合方法

此處に土臺の選定が出來たならば、結合の方法に入るのである。土臺は良く出來て居ても、此の結合が完全に行はれなかつなら、結局記憶は混亂するのみで、

何等の効を見ることは出來ないのである。故に諸君は結合方法を充分練習せなくてはならないのである。

今其の一例によつて示せば、

酒。草。菓子。机。犬。牛。馬。手紙。本箱。硯。先生。學校。

右の樣な簡單な場合には、

結合土臺。	結合方法。	結合種別。
隣家。	父は大變酒好きだ。	特殊事項へ、
次へ。	次郎は草苅が上手だ。	特殊事項へ、
〃	小供は皆菓子が好きだ。	特殊事項へ、
〃	貧乏で机もない。	反對事項へ、
〃	母は犬が大嫌ひだ。	特殊事項へ、
〃	此家には牛馬共にある。	特殊事項へ、

〃　此の家は手紙をよく出す。　特殊事項へ、
〃　此處の先生の本箱は立派。　特殊事項へ、
〃　此處は筆屋だが硯もある。　類似事項へ、
〃　太郎は先生になる。　結果事項へ、
〃　此處は學校へ一番遠い。　反對事項へ、

斯の樣に選定土臺の家々の、特殊事項や、反對事項其他の事項に結び付けて、觀念したならば。最もよく結合し得て忘るゝ事がないのである。

然して一度此の方法によつて觀念し、結合するときは、其の結び付けた隣家を順次に腦中にて尋ねて行く時は、最初結び付けたる土臺が想ひ浮び、次に結び付けたる記憶事項が想はれ、順次にかくする時は順序も相違なく、且少しの苦痛も感せずして想起する事が出來るのである。ローマのシセロも、皆此の法を行つて、人々にも勸め自己も行つた樣、横井無隣氏著神祕論に發表されて居る。

即ち其言に、「若し記憶を良く、且つ之れを忘却せざらんと欲するものは、先づ或る場所を定め而かして記憶せんとする事々物々を、或る一定の場所の何物かに心の中にて結合し、之れを排列すべし。然る時は場所の順序により、事物の順序を想起することを得べく、順次に記憶せる事物を表すならん。云々」と云ふてある。

斯様に結合と云ふことは記憶に際して必要なものであるから、充分此の法を熟練し、機に臨み、變に應ずることの出來るやう留意せなければならぬ。

第三節　數字記憶法

數字を記憶せんとする場合に於て、其儘數字を記憶せんとすることは、中々六ヶ敷く且つ至難の業である。故に此の場合には、最初一より十に至る迄の數字に夫々の符號を付けておくのである。其の符號としては、最も覺え良く、且つ何人も間違を生せず、容易に記憶することの出來るやう左の通りに定めたが一番宜しからうと思ふ。

一、ヒドビ

二、フレブニジ

三、ミミサザ

四、ヨファシ

五、イッコゴ

六、ムラロ

七、ナシ

八、ヤハバ

九、コクグ

十、トジュ

百、モモモ

千、　チセ

万、　マ

〇、　レ

斯様に各數字を變化さして、記憶し置く時は、如何程、多數の數字を配列されるも、少しも間違を生ずることなく、一回乃至二三回にて充分記憶し得られるのである。

左に數字記憶の一例を示さば、

結合土臺。	記憶事項。	第一變化結果
大阪	二三五九	フミイク
神戸	五五八三	ゴゴヤミ
明石	七九七四	ナクナヨ
姫路	二九五七	ニクイナ

岡山	三八八四	ミハヤシ
廣島	九二二九	クニフク
門司	六二七八	ムジナヤ

斯様に澤山な數字の場合、先づ第一に第一變化結果の樣に、其數字を一個の言葉や物の名のやうに速早く組立て、順次に組立て乍ら結合土臺に結び付けて行くのである。

「大阪から文いくから（フミイク）御覧下さい。神戸の方はごごやみ（ゴゴヤミ）になりましたから左樣御承知願ひます。明石の妹にも泣くなよ（ナクナヨ）と申し傳へて下さい。姫路に御歸りになつても、にくいな（ニクイナ）と思召さず、岡山の御林（ミハヤシ）や廣島の國福（クニフク）にも宜敷此事を御傳へ願ひます。又門司で面會の時むじなや（ムジナヤ）狐の事は委しく御話し致します。」

斯様に結合方法の處で示した樣に、土臺に、夫々の考へにて結合し記憶するときは容易に記憶することが出來るのである。

注意すべきことは、數字を變化し作ら順次土臺に結び付けて行くことである。

尚一例を示せば、

一八九七二五八三七九八七五八七四二四六一〇

以上の時、

記憶事項。	變化結果。	變化事項。	結合法。
一八	イチハ	一羽	一羽の鳥は
九七二	クヒニ	喰ひに	喰ひに
五八	ゴハ	五羽	五羽の鳥は
三七	ミナ	皆	皆
九八七五	クハナイ	喰はない	喰はないで
八七四	ハナシ	話	話しながら

二四六	ニシム	西向	西向き
一〇	ト	飛	飛び去つた

斯樣に變化し、順次結合土臺に結び付けて行く時は容易に記憶し得られるのである。

第六章　記憶法の要

記憶法中最も要点とするところは、以上再三說べた通り、結合土臺の選定である。若し此の土臺に變化少なく、種々の記憶事項に際して、自由自在に結合することが出來なかつたならば、殆んど記憶法は力なく、應用の範圍もせまいものとなるのであるから、土臺の選定は出來得る限り、誤謬を生ぜない、且つ簡單なものにて成るべく多く定めて置き、何時如何なる處にても、多數の記憶事項を覺ゆることの出來るやう、土臺を固めて置くが肝要である。次に觀念力を充分養成して置かなければならぬ。観念の力の弱い時は應々にして、記憶事項を霧中に迷はしめることが多いのである。

次には注意力と印象力とが非常に必要な事である。注意力と印象力とは共に観念をする際殆んど同時に働くものであつて、何れの一つが缺けても完全な記憶を得ることは出來なく、間違も生じやすいのであるから、充分注意して前述の文章を熟讀し、よく記憶の原理を探究せねばならぬ。

第七章　永續記憶法

記憶法中、最も困難を感ずるものは永續記憶法である。何人も一度記憶した事も時日の經過に從つて、記憶を去る事は、自然の大原則であるから、全々之れを逃れると云ふことは出來ないが、餘程の点迄は方法によつて緩和することが出來るのである。

世の中には物覺えのよい人が、一度聞いて覺えて了ふ人が時々現はれる事がある が、偖て之れを永久に覺えて居ると云ふ人は殆んどないのである。又此の法が完全に行はれるものとしたならば、記憶法を習ふ必要はないのであるが、殘念ながら今の世には之れが完全に行ふ方法はないのである。

然らば之を緩和するには、如何なる方法をとつたならば、最も理想に近い成績を見る事が出來るかといふに、左記の事項に注意すれば宜しいのである。

一、所定の方法により記憶したる事項は、暗誦によつて選定土臺の如く變化せしめる事。

二、選定土臺に變化せしめんには、記憶後二回乃至十回位迄、日を置き、月を置き、繰返し記憶を呼び起す事。

三、結合土臺を速かに離るゝ事。

以上三つの事項であるや、第一項は、一度記憶せる事柄は、何時も土臺を頼つ

て想起するやうではならないから、早く土臺を離れて諳誦せよといふことである

第二項は、記憶事項を土臺のやうに變化する、謂ゆる諳誦の境に至る方法と、印象力を強くする手段である。

故に其の方法として第一の日三回乃至四五回繰返し、明日二回、五日後二回、一ヶ月後二回、半年後二回、一年後一回と云ふやうに繰返して想起するときは、自然土臺を離れ記憶に殘るやうになるものである。

第三項は、結合土臺を速かに離れよと云ふ事である。此の速かと云ふことは、土臺とならしめる最善の方法とあるのである。

第八章　記憶法の欠点と其保護法

以上注意したる事、又は例によつて示したる方法によれば、記憶は充分行はれるのであるが、此處に未だ一つの欠点があるのである。

それは今注意力、觀念力其他によつて記憶せる事項も、想起に際して、全然結合せる土臺を忘れ、想起することの出來得ない事のあることである。若しこれが想起することが出來ない時は、例へば、一二三四五六七八九と云ふ順序に記憶した事項も、最初の一と云ふ土臺の始めが想起されない故、後の二より九に至る事項は想起することが出來得ないのである。

斯樣なときには如何にすれは之れを防ぐことが出來るかといふに、實は何でもない事である。其方法としては、始め自己こ記憶せんとした事柄が何事であるかと云ふことを、一個の台の樣に記憶することである。かく台にして置く時は自己若しくは他人より問はれたる時、其の思ふ事、又は問はれることが記憶事項の土台となりおる故、苦もなく、選定土台を引出し記憶をたどることが出來るのである

第九章　他山の石

之れにて本會記憶法を活用するに際して必要なる事項は、略說述したのである然かして最後に各種各般に亘る、實地應用法を各例に示して讀者の指針としたいと思ふたのであるが、此處に古くより傳りたる、物覺え祕傳と云ふ一文を、井上博士著、新記憶術に見たるより今其の全文を揭げて、諸君の參考にすると共に、對照批判の資とする。

一、物覺ゑ祕傳

ある童子、論語の學而第一といふ、學而の二字を覺えず。師の敎へに從つて一旦は讀むと雖も、師を放れては又忘る。其の時師の曰く、ガクジとは字をかくと心得よと敎へられたり、是れより再び忘るゝことなし。ただ忘れ易く覺えがたきは讀書なり。年來小兒に讀書を日課せしむるに、かくの如く魯鈍の小兒と雖も、此の法を用ふるときは覺えずといふことなし。ただ小兒の耳にも入りよく、諭し易き譬喩をとりて敎ふるときは、再三熟讀するに及ばず、しかも終身記憶して忘るゝことなし。

此等の事は、知れたる道なれども、其の術甚だ卑近なるを以て、學者の口より發するを恥づ。此の書に示教するところは、少しも高遠の術にあらず。若し高遠ならば如何ぞ幼蒙に達せんや。故に其の卑近なるを主として教へたるものなり。然れば賤しき俗謠俗諺及び小兒の訛言までも、取り拾うて、此の術の助けとなすときは、無用の用あり、此の術を忽せにせずして久しく修業せば其の功益大なるべし。然れば獨り小兒讀書の一助のみならず、或は途中馬駕籠にて筆紙の備なく或は其の場に臨んで記憶せざればなりがたき時、皆此の法を用ふべし。

此の法に依託種子あり。例へば學而の緣をかりて字をかくと云ふにとる、是を依託といふ。

詩の賦比興のこころなり。また依託のうちに一二三四等の次第あり、是れを種子といふ。

依託すといへども、種子なくしては繁文を憶すべからず、次第を知るべからず然れば依託せんと欲せば、豫め種子を記憶すべし。種子といふは體なり依託は用なり。種子の體は靜にして動く事なし。依託の用は。千變萬化して働くものと知るべし。

種子とは、例へば人身の正面に象りて、頂きを第一とし、額を第二とし、眼を第三とし、鼻を第四、口を第五、喉を第六、乳を第七、胸を第八、腹を第九、臍を第十とす。又人体の右邊にとりて、右の鬢を第一とし、右の耳を第二とし、右の肩を第三とし、右の臂を第四、右の手を第五、右の腋下を第六、右の脇を第七右の股を第八、右の膝頭を第九、右の足を第十とす。又人体の左邊にとりて、左の鬢より左の足に至ること、右邊に同じ。以上正面十、右邊十、左邊十、すべて三十則をよく覺え居て、是を依託の種子とするなり。

例へば、何によらず諳誦すべき品々十ヶ條もあるとき、人身正面にていはば、第一の稱は頂きなり。此の頂きへ何にても第一條の品に縁あるべき事を思慮して譬ふるなり。さて第二の種は額なり。此の額何にても第二條の品に縁あるべき事を思慮して譬ふるなり。第三の種子は眼なり。此の眼に譬ふること前に同じ。

斯くの如く第四、第五、第六、第七、第八、第九、第十の譬までにて、十ヶ條の品々を悉く譬へ終れりっその譬ふることは、凡そ世間にあらゆることを觀念し或は俚諺、あてじ、謠曲、淨瑠璃、流行辭、何によらず卑俗なる事をも論せず、或は心中にて繪樣を作り、或は眼中に土地の景色を觀じ、その品々の縁をとるなり、これ自身の心裏に含める合符にして、他人に言ひ聞かすべき事にあらねば、人々の才智才覺にて、千變萬化、數も限りもなき事なるべし。

器物驗證

こゝに老人あり。器物の名目を人の語れるまゝ、ただ一度ききてよく諳誦せりその器物とは、

手拭、火鉢、毛氈、硯箱、琴、末廣、文箱、鏡、鍋、茶碗、

以上十種、如何して記憶せりや、といふ。答へて曰ふ、第一の頂きに手拭を置くと譬へ、第二の額に火鉢の火を譬へ、第三の眼に物見せる、もうせんとたとへ第四の鼻に、すずばな、すゞりと譬へ、第五の口に、言葉の琴を譬へ、第六の喉に、咽喉を通れば末は廣しと譬へ、第七の乳に、文箱に房あり、乳房と譬へ、第八の胸に、胸の鏡と譬へ、第九の腹に、鍋一抔の食は腹ふくるゝと譬へ、第十の臍が茶を沸かすと譬へ、

第一、　頂き、　手拭
第二、　額、　火鉢
第三、　目、　毛氈
第四、　鼻、　硯箱
第五、　口、　琴

第六、　咽喉、　末廣
第七、　乳、　文箱
第八、　胸、　鏡
第九、　腹、　鍋
第十、　臍、　茶碗

右の如くにして記憶せりといふ、皆々大に絶倒す。これ一二三の次第は、頂の次は額、額の次は目、目の次は鼻と云ふならびを以て知るなり。そのならびを下より數ふれば、臍に茶碗は十番目、腹に鍋は九番目等と、逆さまにも知るなり。およそ箇條の次第あるものは、いつれもこれに準知すべし。

又物數多く、二十品もあらば、左邊の種を用ひて、左の鬢を第一とすべし。三十品ならば、右邊の種を用ふべし。又手拭を頂きへ置くと譬へ、火鉢に額と譬ふる類は、その人々の心中にての憶符なれば、ただ如何やうなりとも覺えよきやうに譬ふるを肝要とす。

その箇條の色々品々を他の人に言はせ、我は其の言葉を聞き居て記憶す。尤も二條一種を聞くとても、眼を閉ぢ雜念を生せず、心胸の間を淸朗にして安靜ならしむべし。是を覺心といふ。偖て其の種へ其の品を譬へ終るまでは、次の品を聞くべからず。或は其の種に一向譬への工夫つかぬもあり。然れども能く能く憶度すれば、遂に譬への緣出づるなり。其の時次の品を聞くべし。幾品ありとも、末までかくの如し。

心　法

又第一の種は頂きなり。此の種に其の品の緣を設けて、旣に頂きへ預けたれば、是にて第一の種の役は濟むなり。例へば器物に物を入れて錠をおろし預け置きたる心持なり。若し覺束なく思ひ、半ばに及び跡へ返し見る事惡し。總じて記憶せんと欲せば、始終兩眼を閉ぢて心を丹田におとし、憶念することこそ肝要なり。

形有二有無一

總じて萬種の無形のものを記憶するには、有形のものにて譬へ、又有形のものを記憶するには無形のものにて譬ふるなり。是れ斯道の一大緊要の祕策なり。有形のものとは人倫、鳥獸、器財、草木、衣食、宮室の類、確と見るものを云ひ、無形の物とは言語、數量、時候、虚態門の類の、目に見えざるをいふ。

繁文

繁文とは、箇條數多あるをいふ。王代及び年號の列名、或は人數の列名或は源氏六十四帖の外題、或は蒙求評題、及、六十四卦の名などは、無形のものにして、しかも前後の次第あり。是等を記憶せんとならば、人體にては種少し。故に種を廣く取ること肝要なり。人家の屋造等を用ひて可なり。

人家種子

一、總廓　二、門　三、中間部屋

四、玄關　五、襖　六、使者の間
七、廣間　八、大座敷　九、床
十、違棚
右第一節
一、障子　二、椽側　三、廊下
四、茶室　五、坪內　六、手水鉢
七、飛石　八、柴垣　九、樹木
十、雪隱
右第二節

右の類其の餘はこれに準知すべし。總じて自己の居住先に見る處を第一の種とし、その次に見る處を第二とし、其の次を第三第四とす。

斯くの如く平生居室の具を用ひて記憶の種とせば、幾品幾色もあるべし。但し動かざる道具を用ふ。此處彼處へ持ち歩く道具などを取りて種とせば次第紊れて悪しきなり。

源氏驗證

例へば源氏六十四帖の名目を諳記せんとせば、先づ、

第一は總廓なり。其の廓の傍らに常に桐の木を植ゑたりと譬へ、

第二は門なり。門の内に箒木ありと覺え、

第三は中間部屋なり。此の部屋に人なし、蟬の抜殻と譬へ。

第四は玄關なり。これへは使者の顔の出づるところと覺ゆ。其の餘は是に準知すべし。然れば第一に相壺、第二に箒木、第三に空蟬、第四に夕顔と知る。是は我が居住の第一には總廓あり。其の次には我が屋敷の門あり。其の次には中間部屋あり。その向ひは玄關なりと、素より覺えて居るところへ、今の名目の縁をとりて心覺えして、それ〴〵へ預けたる故、自ら一二三の次第紊るゝことなく、逆

さになるとも又は一つばざめになるとも、自由自在に記憶せらるゝなり。

種有二多少一

種に取るべきものは、我が面部手足の親しきに若くはなし。是れにて一も不足なれば、自分の居住を用ふ。商家等は一を入口、二を敷居、三を中庭、四を中戸、五を上り口などとるなり。その箇條數多ありとも、十種を一節とし又其の次の十種を二節とし、三節四節と十種づつに限るべし。自分の家にて不足せば、よくよく案内を知りたる他の家をも目付けとして不足を補ふなり。或は町に竪横の名或は一町の内にて商人の隣ならび、米屋酒屋等、又は其の土地の名所、舊跡、寺社等、東西南北のならび又は江戸海道五十三驛の次第等を、よく覺えたる人ならば、それを目付の種に用ふべし。

總論

總じて物事書付にして記憶し、又は書籍等に預け置き、それを諳誦せんとすること却つて遲し。ただ他人の誦するを自身聞き居て眼を閉ぢ心を冲寞にして、此の敎の如くなすときは、早く諳誦すといへり。

物見知の祕傳

例へば廣間に客十八列座す。或る人一見して、次の間に入るに、屏風を隔ててその人數の座並又は其の人の紋衣服の色をいふに、或は上座より下へ五番目の客は桐の紋に花色の衣服、上座より上へ三番目の客は、柊の紋に萠木の衣服等といふ。是れを見るに果して違ふことなし。人々不思議に思ひしとなり。

此の法は、前の器物十種の記憶の如し。第一の客、紋と色とを頂きとし。第二座の紋色を額とし。三座は目、四座は鼻と、人身の種に譬へ託して第十座臍に終る。但し記憶の術は、目を閉ぢて默觀するのみなり。

此の物見知りは、目を開き見るうちに、一物二種といふ箇法あり。これ物を見知る祕傳なり。

41

一物二種

それ諸物の數々あるを一覽して、逐一之を詳らかに認めんとすること宜しからず。たとひ認めたりとも、やがては紛るゝなり。ここを以て見知るべきものを二色に極むべし。もはや三四色に及べは必ず忘れやすし。其の物數は幾品あるとも、たゞ二色を目印とす。之を一物二種といふ。その二色は、大じるし小じるしなり。たとへば海上に同じやうなる船數多あり、陸には同じやうなる騎馬數多あり。但し船には船じるし馬には馬じるしあり。是れ大じるしあり。その大じるしの中にて自分の心覺えなれば、舟にては幕のぼりの類、馬にては手綱鞍鐙の類にていづれなりとも一色に見知りを付ける、是れを小じるしといふ。

其の小印は、舟は幾艘ありとも或は幕と極め、馬は何足ありとも或は手綱と極める類をいふなり。此の一色づゝは、甚だ見覺え易きことなり。是を人家の種子等に譬ふるなり。

右の客十八列座するには大じゐしなし。斯樣なるは何にても三色づゝのしるしを見て、人心の種子に譬ふるなり、これ大印なき時の法なり。扨て紋と色とに限らず、或は紋に柄絲、又は柄絲に帶の類、何にても心にまかすべし。たとひ紋も色も相同じき人ありとも、種子の譬へ所、違ひあるゆゑ紛るゝ事なし。其の餘は猶口訣多し。凡そ一切目に見るもの、此の心得を用ふる時は、能く物を見知ると云へり。

第十章　結論

以上說述するところによつて記憶法の大略は表はれて居るつもりである。尙外に想像法、連續法、復式結合法、其他數項あるも、元來記憶法は方術的方法と、學理的方法と、精神的方法とによつて生れたるもの故、一度其の原理と、方法と、健康の記憶に及ほす關係とを知る時は、各人の心のまゝに活用を要するものである故に、今回はこれを以て完結せんとするのである、宜しく諸君は以上の原理を探究せられ、各自の業務に實地活用せられんことを祈る。最後に及び最初は應用困難又は實地活用に何等効力なきものとして一笑し去らん事のなきをねがふのである。本法に限り修練に修練を積むに從つて非常なる益を得ることは、親しく余の實験して知るところである故、本法を研究せらるゝ諸君は、其の妙味を得る迄は、相當の修練を積まれん事を希望するのである。何事も習慣性となり、熟練するに随つて、其の働きの妙に入る事は諸君も御承知の通りである、故に本法も此の境地に至る迄は懈怠なく修練せられん事を祈るのである。

大正十三年十月廿五日印刷
大正十三年十一月五日發行
昭和二年十月十五日再版發行

定價 金壹圓拾錢

不許複製

著作者兼發行者 愛知縣渥美郡二川町大岩九二 白井輝一良

印刷者 岐阜縣揖斐郡西黒野六六六 所米造

印刷所 岐阜縣揖斐郡西黒野六六六 芳文社印刷所

發賣所 大阪市西區阿波座四番町十三番地 大文館書店
振替大阪四二九五四番
電話新町四五九六番

解題

編集部

本書は、白井輝一良の「神仙道」「身心強健法」「土台記憶法」の復刻である。原本は大正十三年に三冊合本の形で大文館書店より刊行されているが、昭和二年の再版本を底本とした。

白井輝一良については、霊学者・五十川博英を教え導いたという以外は略歴は不詳であるが、肉身のまま峯から峯へと空中飛行し、そのまま昇天したとされる大正の神仙・山形嶟《たかし》の教えを請うている。山形嶟は、明治の仙人として名高い河野至道寿真の高弟にあたるが、『本朝神仙記伝』（宮地厳夫著・八幡書店刊）に所収の「神仙の存在に就て」には左記のように紹介されている。

備前国赤磐郡太田村大字万富小字梅と云ふ地に山形嶟と云うて本年三十歳になる盲人がありますが、この嶟、若年の頃音楽を学ばしめられましたけれど生来記憶力に乏しく如何に教を受けても覚えることが出来ませぬのを嘆いて居る折しも、或人より安芸国の弁財天即ち厳島大神に火の物を断ちて祈願すれば必ず覚えの能くなる由を聞き、十二三歳の時七日間火の物を断ちて七日間遙かに祈願致しましたが少しも其験無きに失望して世を詮なく思ひ、死を決して同国和気郡大字板根と云へる処の橋の上に参り、その川に身を投げましたが、図らずも或る神仙実は同国同郡熊山に住む神仙に助けられて同山に伴はれ、種々の教を受くる事となりました。

山形嶹は、白銀にて造られた長さ三寸の「徳魂」という楽器、一寸五分くらいの大きさの水晶にて造られた亀甲の形をしたもの、鉄扇、剣の四種を神仙より授かり、しばらく秘蔵していたが、高弟の白井にはこれらを拝観することを許し、また、種々の禁厭や霊胎凝結法などの秘伝（詳しくは大宮司朗著『神法道術秘伝』を参照のこと）を授けている。

本書中の「神仙道」は、山形より親しく仙界について教授されたことに著者研究を加えたものであり、参考資料として、川合清丸の「仙家秘訣 無病長生法」を紹介している。その他、「身心強健法」は、著者が難病克服に際して役だった強健法を中心に先人先哲の教えをまとめたもの、「土台記憶法」は即実践できる記憶術の要諦をまとめた好著である。

神仙道／身心強健法／土台記憶法

定価　二八〇〇円＋税

大正十三年十一月　五　日　初版発行
平成十九年　四　月二十七日　復刻版発行

著者　白井輝一良

発行　八幡書店
東京都品川区上大崎二―十三―三十五
ニューフジビル二階
電話　〇三（三四四二）八一二九
振替　〇〇一八〇―一―九五一七四